Anja Stiller

Weibsbilder – Außergewöhnliche Frauen des Mittelalters

IMPRESSUM

Anja Stiller
Weibsbilder – Außergewöhnliche Frauen des Mittelalters

1. Auflage 2023

© 2023 Regionalia Verlag,
ein Imprint der Kraterleuchten GmbH,
Gartenstraße 3, 54550 Daun

Alle Rechte vorbehalten

Lektorat: Bruno Hof
Korrektorat: Tim Becker

Titelbild:
Bartolomeo Veneto – »Portrait of a Young Lady, once thought to be Lucrezia Borgia (1480–1519)«
Gestaltung, Satz, Umschlag: Björn Pollmeyer

Hergestellt in der Europäischen Union, Finidr, CZ

ISBN 978-3-95540-338-6
www.regionalia-verlag.de

Anja Stiller

Weibsbilder
Außergewöhnliche Frauen des Mittelalters

REGIONALIA
VERLAG

Inhalt

Vorwort

Der Mann muß hinaus
Ins feindliche Leben,
Muß wirken und streben
(...)
Muß wetten und wagen,
Das Glück zu erjagen.
(...)
Und drinnen waltet
Die züchtige Hausfrau,
Die Mutter der Kinder,
Und herrschet weise
Im häuslichen Kreise.

Diese Gedichtzeilen stammen zwar nicht aus dem Mittelalter, sondern aus dem späten 18. Jahrhundert, genau genommen aus Friedrich Schillers »Lied von der Glocke«. Aber sie spiegeln wider, wie wir uns die typische Rollenverteilung zwischen Mann und Frau im Mittelalter beziehungsweise in der gesamten voremanzipatorischen Ära normalerweise vorstellen: Er fährt die Erfolge ein, sie hütet Heim und Herd. Eigentlich ist es ein biedermeierliches Bild, und wem es gefällt, der beziehungsweise eher die kann natürlich auch heute noch danach leben. Einen Haushalt samt Kindern in Schuss zu halten, ist alles andere als bequem, sondern bedeutet im Gegenteil viel Arbeit. Auch als Modell der Arbeitsteilung funktioniert die Zuordnung »Mann draußen – Frau drinnen« oft gar nicht schlecht. Man kann sich natürlich fragen, ob es für Frauen erfüllend ist, auf einen Beruf zu verzichten, aber das muss jede für sich beantworten. Nur eines erlangt eine Frau auf diese Weise definitiv nicht: Bekanntheit.

Kein Mensch, egal ob Mann oder Frau, hat es jemals mit Wäschewaschen und Fußbodenputzen in die Geschichtsbücher geschafft. Dafür muss man tatsächlich ins »feindliche Leben« gehen, und sei es auch, wie Friedrich Schiller selber, vom heimischen Schreibtisch aus.

Und betrachtet man die Geschichte, so wird schnell deutlich, dass es tatsächlich vor allem die Männer waren, die »gewettet und gewagt« haben, Geschichtsschreibung, erst recht die des Mittelalters, handelt in der Mehrheit von den Taten, den (Kunst)Werken, den mal mehr, mal weniger großen Gedanken der Männer.

Und die Frauen? Insgesamt wird dem Mittelalter eine ausgeprägte Misogynie, also Frauenfeindlichkeit bescheinigt. Und tatsächlich war das Frauenbild in vieler Hinsicht alles andere als gut, die Möglichkeiten einer Frau, »hinaus ins feindliche Leben« zu gehen, stark begrenzt. Und doch gab es sie, Frauen, die von sich reden gemacht haben, die der Nachwelt in Erinnerung geblieben sind.

Ihnen widmet sich dieses Buch in – je nach der Fülle an überliefertem Material – kurzen oder längeren Einzelporträts. Es zeigt sich dabei, dass es bestimmte Wirkungsräume sind, in denen wir die Frauen häufig antreffen, und dass ihnen andere Bereiche des öffentlichen Lebens nahezu völlig verschlossen blieben. Allerdings darf man sich die wenigsten von ihnen als »Frauenrechtlerinnen des Mittelalters« vorstellen, ein Hinterfragen der eigenen Geschlechteridentität dürfte es kaum gegeben haben. Insofern begehrten die wenigsten bewusst gegen die ihnen zugedachte Rolle auf, sie blieben bei allem, was sie geleistet haben, innerhalb des gesellschaftlich gesteckten Rahmens.

Bei dieser Gelegenheit noch eine Bemerkung zur »Frauenfeindlichkeit«: Mit diesem Begriff verbinden wir heute in der Regel die fehlende Möglichkeit für Frauen, ein Leben nach den eigenen Wünschen und Vorstellungen zu führen. Sich für oder gegen eine Ehe, für oder gegen einen Beruf zu entscheiden, in der Berufswahl freie Hand zu haben. Meist schwingt auch die fehlende Möglichkeit zur »Selbstverwirklichung« mit. Unter diesem Gesichtspunkt betrachtet waren aber die Männer im Mittelalter nicht weniger in Rollenbildern gefangen. Herkunft, sozialer Stand und nicht zuletzt die Erwartungen der Gesellschaft zwangen auch Männer in ein Leben, das ihnen wenig Möglichkeit zur individuellen Entfaltung ließ. Ohnehin ist dieser Wunsch eine Errungenschaft unserer Zeit, das Mittelalter kannte das Bedürfnis nach »Selbstverwirklichung« nicht, weder für Männer noch für Frauen.

Und zum Schluss noch eine Anmerkung zum Vollständigkeitsanspruch dieses Buches in Sachen Frauenforschung des Mittelalters: Es gibt keinen! Die Wissenschaft fördert ständig neue Erkenntnisse in diesem Bereich zutage. Außerdem gestalten sich je nach Region die rechtlichen Voraussetzungen für Frauen etwas anders. Ohnehin darf man nicht vergessen, dass das Mittelalter fast 1000 Jahre umfasst. Das ist ein zu langer Zeitraum, um von dem einen, statischen Rollenbild auszugehen. Natürlich änderte sich in diesen 1000 Jahren vieles, zum Guten wie auch zum Schlechten.

In diesem Buch möchte ich exemplarisch von Frauen und ihren Schicksalen erzählen. Es sind Geschichten über mutige Frauen, es sind traurige Lebenswege genauso wie aufregende. Im Großen und Ganzen aber sind es Einzelschicksale. »Die« Frau des Mittelalters gab es so wenig, wie es »die« Frau unserer Gegenwart gibt. Es gibt gewisse Konstanten, die für die 1000 Jahre vom Ende der Spätantike bis zum Beginn der Neuzeit prägend sind. Allzu pauschale Verallgemeinerungen sollte man jedoch nicht vornehmen, vor allem nicht, wenn man bedenkt, dass Wissenschaft ein lebendiges Unterfangen ist und ständig neue Erkenntnisse das Bild vervollständigen.

Und nun wünsche ich viel Spaß beim Ergründen weiblicher Lebenswege im Mittelalter.

Anja Stiller
Salzburg, im Herbst 2022

Das Mittelalter – ein Überblick

Bevor wir uns daranmachen, das ganze Ausmaß an Misogynie im Mittelalter zu zeigen, soll hier zunächst einmal die Zeitspanne skizziert werden, in der wir uns bewegen, wenn wir so pauschal von »dem« Mittelalter sprechen. Denn es sind immerhin 1000 Jahre, und in denen hat sich die Gesellschaft natürlich entwickelt.

Zwischen dem Ende der Antike (dem 6. Jahrhundert) und dem Beginn der Neuzeit (15./16. Jahrhundert) liegt das »medium aevum« (= mittleres Zeitalter), das Mittelalter.

Den zeitlichen Einschnitt markiert das Jahr 476 n. Chr.: Das weströmische Reich geht unter, das Byzantinische Reich im Osten bleibt dagegen erhalten. Innerhalb des alten Westreichs bilden sich neue Gebiete wie etwa das Frankenreich, das Westgotenreich (iberische Halbinsel) und die Reiche der Angelsachsen. Außerhalb diejenigen der Slawen in Ost- und Südosteuropa und die der Skandinavier. In all diesen Gebieten leben zum einen die alteingesessene, bereits romanisierte Bevölkerung und neue, mit der Völkerwanderung eingewanderte Gruppen. Zu letzteren zählten unter anderem die germanischen Stämme. Das bedeutet auch, dass ein Teil dieser neuen Reiche, der antike Kernraum, bereits christianisiert ist, die anderen dagegen erst im Laufe der Zeit zum Christentum »bekehrt« werden. Dem Gedanken christlicher Nächstenliebe entspricht dieser Prozess bekanntermaßen nicht immer.

Die 1000 Jahre, die das Mittelalter ausmachen, sind, wie nahezu alle historischen Epochen, gekennzeichnet von einer Vielzahl an Kriegen. Die Machtverhältnisse und damit die gegenseitigen Abhängigkeiten wechseln, Territorien verändern sich, werden kleiner oder größer, auch die Gesellschaft durchläuft einen Wandel, der noch dazu von Region zu Region etwas variiert. Insofern kann der folgende Abschnitt nur einen groben Überblick geben und dazu dienen, die Porträts der Frauen ein bisschen besser in ihr zeitliches Umfeld einzuordnen.

Früh-, Hoch- und Spätmittelalter: die Binneneinteilung

Vorherrschende Wirtschaftsform des Mittelalters ist der Feudalismus, die Gesellschaft ist nach Ständen geordnet, und über allem steht als Grundprinzip das Christentum. Man spricht hier auch von einem »christozentrischen« Weltbild, also einem weltanschaulichen Modell, das die christliche Lehre in den Mittelpunkt allen Denkens stellt. Wissenschaft, Literatur, Architektur, Kunst und Kultur, alles steht in deren Zeichen, die Bildungssprache ist das Lateinische. Diesem Weltbild entsprechend sehen die Menschen des Mittelalters ihre Zeit allerdings nicht als zwischen den Epochen liegende, also »mittlere« Zeit. Sondern man empfindet sich gegenüber allen anderen Zeitaltern, insbesondere der Antike, als heilsgeschichtlich überlegen, als »aetas christiana« (= christliches Zeitalter).

Die Bezeichnung als »medium aevum« wurde erst im 14. Jahrhundert von den Humanisten Italiens geprägt. Die nun folgenden zwei Jahrhunderte versteht man hier, in Italien, dementsprechend als »Wiedergeburt«, als »Renaissance«: Das christozentrische Weltverständnis verliert an Bedeutung, man besinnt sich wieder der griechisch-römischen Antike. Nun bekommt die »mittlere Zeit« auch ihren Beinamen »aetas obscura« (dunkles Zeitalter), der sich bis heute als »finsteres« Mittelalter erhalten hat. Ob zu Recht oder nicht, darüber herrscht nach wie vor keine Einigkeit. Das Mittelalter hat eigene Leistungen hervorgebracht, deren Bedeutung man nicht kleinhalten sollte. Und inzwischen erfreut sich diese Epoche wieder ausgesprochener Beliebtheit. Folkloristische Mittelaltermärkte genauso wie eine Fülle an zwar meist historisch eher inkorrekter, aber vielgelesener Unterhaltungsliteratur sind nach wie vor populär. Und der Umstand, dass im Jahr 1986 Agent 007 alias Sean Connery höchstpersönlich in einem dunklen Kloster in den Alpen detektivische Arbeit leistet, hat der Popularität dieser »finsteren« Epoche definitiv auch nicht geschadet.

Das Kreuz als Symbol prägt das gesamte Mittelalter. Hier: Gabelkreuz St. Maria im Kapitol, Köln 1304

Das Frühmittelalter

Das Frühmittelalter wird vom 6. bis zum Anfang/Mitte des 11. Jahrhunderts datiert. Es schließt die Epochen der Merowinger, der Karolinger und der Ottonen ein. Als Bindeglied zwischen Antike und Mittelalter gilt dabei die Völkerwanderung. Deren Ende markiert der Einfall der Langobarden in Italien im Jahr 568. Europa und der Mittelmeerraum trennen sich von nun an in einen islamischen und einen christlichen Teil, und dieser christliche selber gliedert sich wiederum in einen lateinischen und einen orthodoxen Kulturkreis (letzterer umfasst den byzantinischen Raum). Wo die Bevölkerung nicht schon christianisiert ist, wird das nun im Laufe der Zeit nachgeholt, wenn nötig (und es war oft nötig), mit Gewalt. Etwa um das Jahr 500 tritt der Frankenkönig Chlodwig I. mit seinem gesamten Adel zum katholischen Christentum über. Unter den Merowingern entwickelt sich das Frankenreich, das schließlich eine Vorherrschaftsstellung in West- und Mitteleuropa einnimmt. Vom 7. bis zum 10. Jahrhundert sind es die Karolinger, die die fränkischen Könige stellen. Höhepunkt dieser Entwicklung ist die Krönung Karls des Großen an Weihnachten des Jahres 800 zum Kaiser. Nach Karls Tod im Jahr 814 zerfällt das Frankenreich jedoch wieder. Aus der westlichen Hälfte entsteht das spätere Frankreich, aus der Osthälfte das Ostfrankenreich und daraus schließlich im Hochmittelalter das Heilige Römische Reich. Gegen Ende des Frühmittelalters (ca. 800 bis 1050) haben die skandinavischen Wikinger ihren großen Auftritt. Unter ihnen leidet vor allem die Bevölkerung der britischen Inseln und des heutigen Frankreichs.

Das Hochmittelalter

Vom Anfang/Mitte des 11. Jahrhunderts bis ca. zum Jahr 1250 setzt man das Hochmittelalter an. Es ist die Zeit der Salier und der Staufer, im lateinischen Europa eine Epoche großen Wandels. Und: Es ist die Blütezeit des Rittertums, des Lehnswesens und in der Literatur die des höfischen Minnesangs.

Im Hochmittelalter beginnt die Bevölkerung zu wachsen, Handel und Gewerbe nehmen zu, neue Handelsrouten werden erschlossen, das Bankwesen beginnt sich zu entwickeln. Etliche Städte blühen auf. Kultur und Wissenschaft entfalten sich. Auch die letzten »widerständischen« Regionen in Nord- und Osteuropa sind nun vollständig christianisiert.

Allerdings kommt es jetzt auch zu einem Streit um die Vormachtstellung zwischen Kirche und weltlichen Herrschern. Im Investiturstreit (investire = einkleiden) ringen Papst Gregor VII. (1025/30–1085) und der Salierkönig Heinrich IV. (1050 –1106) darum, wem, Kirche oder weltlicher Macht, das Recht zusteht, die Bischöfe und Äbte (zuverlässige Lehnsmänner der Könige) ins Amt einzusetzen, sie also einzukleiden. Der Papst belegt zunächst die Bischöfe, danach Heinrich selber mit dem Kirchenbann, den Letzterer erst beim sogenannten Gang nach Canossa im Jahr 1077

Kaiser Chlodwig lässt sich taufen. Miniatur aus der »Vie de saint Denis« (um 1250) Bibliothèque nationale de France.

wieder lösen kann. Der Streit um die Vorrangstellung zieht sich dennoch weiter hin und wird erst 1122 mit dem Wormser Konkordat beigelegt. Heinrich V. (1081/86–1125) und Papst Calixt II. (1060–1124) einigen sich darauf, dass die Bischöfe in weltlichen Dingen dem Kaiser, in kirchlichen aber dem Papst unterstellt sind. Die hegemoniale Stellung des Römisch-deutschen Reiches verliert damit allerdings zunehmend an Einfluss, auch die Staufer und mit ihnen der bedeutendste mittelalterliche Kaiser, Friedrich II. (1194–1250), können sie nicht mehr zurückerobern. Stattdessen gewinnen nun die Landesherren immer mehr an Einfluss.

Der Königsthron Kaiser Karls im Aachener Dom

Hier trat Kaiser Heinrich IV. seinen Bußgang an: die Ruine der Burg Canossa in der Emilia-Romagna.

Das Hochmittelalter ist außerdem die Zeit neuer Ordensgründungen, wie etwa die der Zisterzienser, es entstehen neue Dom- und Ordensschulen, und die ersten Universitäten werden gegründet. Die Bildung insgesamt ist jetzt nicht mehr nur dem Klerus vorbehalten, auch einige Beamte (Ministeriale) und Adelige lernen Lesen und Schreiben. Neben dem Lateinischen halten auch die Landessprachen Einzug in die Schriftsprache. Aber auch christliche Laienbewegungen bilden sich nun heraus, und die finden nicht unbedingt das Wohlwollen der katholischen Kirche. Katharer und Waldenser etwa gelten als häretisch, ihre Anhänger damit als Häretiker (Ketzer).

Außerdem beginnen mit dem Kreuzzugsaufruf Papst Urbans II. (um 1035–1099) im Jahr 1095 die Kreuzzüge in den Vorderen Orient, das Rittertum blüht auf und mit ihm die Ritterorden. Am bekanntesten ist hier der Templerorden. Und noch etwas entwickelt sich im Laufe der Kreuzzüge: der Fernhandel mit der Levante. Das wiederum führt dazu, dass die Geldwirtschaft immer bedeutender wird.

Das Spätmittelalter

Das späte Mittelalter, auch als »Herbst des Mittelalters« bezeichnet, dauert ungefähr von 1250 bis ca. 1500. Es ist die Zeit der Häuser Luxemburg, Habsburg und Wittelsbach. Der Übergang zur frühen Neuzeit gestaltet sich dabei allerdings als fließend. Martin Luther (1483–1546) etwa markiert mit dem Anschlag seiner 95 Thesen im Jahr 1517 zwar den Beginn der Neuzeit. Er selber ist allerdings zutiefst dem mittelalterlichen Denken verhaftet. Was heute gerne übersehen wird: Der ehemalige Augustinermönch Luther will ursprünglich nichts anderes als die katholische Kirche von innen heraus reformieren. Es hat ursprünglich

14

nie zu seinem Plan gehört, eine neue Konfession zu begründen (die spätere evangelische Kirche), die für viele als nahezu symbolisch für die Neuzeit gilt.

In Italien wird der Beginn der Frührenaissance vielfach bereits im 14. Jahrhundert gesehen, einer Zeit, als nördlich der Alpen noch in jeder Hinsicht vom Spätmittelalter gesprochen werden muss.

In diese letzte Phase des Mittelalters fallen einige gravierende Einschnitte. Zu ihnen gehören unter anderem Hungersnöte – die größte zwischen 1315 und 1317 – und die Pest, die von 1347 bis 1353 wütete. Beide, Hungersnöte und Schwarzer Tod, reduzieren die Bevölkerung Europas etwa um die Hälfte. Damit verbunden ist eine Änderung der bisherigen sozialen Strukturen: Das Rittertum verliert an Bedeutung, das Bürgertum (der Städte) gewinnt. Soziale Unruhen und Bürgerkriege prägen das Geschehen im Gebiet des heutigen Englands und Frankreichs. Die Jahre von 1337 bis 1453 sind gezeichnet durch den Hundertjährigen Krieg, bei dem die englischen Könige ihren Anspruch auf den französischen Thron geltend machen wollen.

Am Ende der Kreuzzüge (ca. 1291) ist das Byzantinische Reich zu einer Regionalmacht herabgesunken. Dagegen gewinnt das Christentum auf der iberischen Halbinsel ab dem Jahr 1212 immer mehr an Bedeutung. Infolge dieser »Reconquista« (der Rückeroberung der von Mauren besetzten Gebiete der iberischen Halbinsel durch die Christen) entstehen die nun christlichen Königreiche Spanien und Portugal. Die Macht der Könige nimmt immer weiter ab im Heiligen Römischen Reich, die der zahlreichen weltlichen und geistlichen Landesherren erstarkt dagegen.

Kleine und große Städte

Wenn wir im Mittelalter von einer Stadt sprechen, dann haben wir dabei andere Dimensionen vor Augen als heute: Eine kleine Stadt umfasst in dieser Zeit etwa 2500 Einwohner (nach gegenwärtigen Maßstäben wäre das gerade mal ein durchschnittlich großes Dorf). Bedeutendere Städte zählen schon 20.000 Einwohner. In den heutigen Millionenstädten wie London oder Neapel wohnen im Mittelalter immerhin schon 50.000 Menschen. Zu den Metropolen des Mittelalters mit 100.000 Einwohnern gehören Paris, Venedig oder Mailand.

Die Kreuzzüge, so kritisch man sie aus heutiger Sicht auch beurteilen kann, erweitern den Blick des heutigen Europas: Denn auf diese Weise kommt man in Kontakt mit Byzanz (dem heutigen Istanbul). Und diese Stadt ist so eine Art Markt, auf dem es alles gibt. Vor allem all das, was im Europa des Mittelalters bis dahin unbekannt war: Seide, fremdländische Gewürze, Spiegel ... Damit aber entwickeln sich der Fernhandel und die Geldwirtschaft immer weiter. Es bilden sich nun die ersten Handelskompanien, einzelne Financiers wie die Familien der Fugger in Augsburg oder der Medici in Florenz unterstützen sogar Kriege der Herrschenden mit ihrem Geld, das reiche Bürgertum gewinnt zunehmend an Macht und damit auch an politischem Einfluss. Aber nicht nur Import fremder Güter findet nun statt, es werden auch eigene Waren exportiert: Korn, Flachs, Wolle, Salz ... Handelsflotten entstehen, Städte wie Venedig und Genua profitieren ungemein von dem regen Ost-West-Handel. Hinzu kommen neue Fertigungsmethoden für Stoffe oder Metalle. Die Händler schließen sich zu Interessensverbänden zusammen, sie vereinbaren Preise für Waren, sichern aber auch die Transporte. Der wohl bekannteste Verband dieser Art ist die im Jahr 1254 gegründete Hanse. Entlang der entstehenden Handelswege gründen sich neue Städte.

Einen großen Aufschwung erhält auch das Universitätswesen. Ins 13. Jahrhundert fallen unter anderem die Gründungen der Universitäten von Bologna, Padua, Paris, Oxford und Cambridge. Es gehört sozusagen zum guten Ton, große Gelehrte und Studenten an die Universitäten zu locken und damit das Ansehen der Stadt zu steigern.

Unbedingt erwähnt werden muss außerdem das sogenannte Große Abendländi-

»Stadtluft macht frei ...«

... und zwar »nach Jahr und Tag« (der Zeitraum eines Jahres) – so lautet ein Rechtsgrundsatz ab dem 11. Jahrhundert. Das heißt, dass ein entlaufener Unfreier, der es schafft, für diesen Zeitraum in einer Stadt zu leben, ohne von seinem Dienstherrn gefunden zu werden, danach ein freier Stadtbewohner wird.

Tatsächliche Freiheit bedeutet das allerdings keineswegs in jedem Fall. Denn das Bürgerrecht muss man sich, sofern man es nicht erbt, gegen Gebühr erkaufen. Für viele bedeutet dieser Umstand keineswegs die erträumte Freiheit, sondern eine Anstellung als Dienstbote, Knecht oder Magd – nun eben in der Stadt.

sche Schisma während der Jahre von 1378 bis 1417. Bereits seit dem frühen 14. Jahrhundert war das Papsttum immer mehr unter den Einfluss der französischen Krone gekommen, bis endlich im Jahr 1309 der Sitz des Papstes von Rom nach Avignon verlegt wird. Im Jahr 1376 geht schließlich Papst Gregor XI. (1329–1378) wieder zurück nach Rom. Sein Nachfolger Urban VI.

Der Papstpalast in Avignon

(1318–1389) erweitert das bisher 16-köpfige Kardinalskollegium (dem fast nur Franzosen angehören) um 29 weitere Kardinäle. Damit aber ist die alte, französisch dominierte Garde gar nicht einverstanden, sie wählen den Franzosen Clemens VII. (1342–1394) zum Gegenpapst. Das Schisma ist vollzogen.

Auch von politischer Seite wird fleißig Partei ergriffen, Frankreich und Schottland unterstützen den Papst in Avignon, England und Rom den in Italien. Ein erster Versuch, der Misere beizukommen, scheitert im Jahr 1409 beim Konzil in Pisa: Die beiden Nachfolger Gregor XII. (Rom) und Benedikt XIII. (Avignon) werden für abgesetzt erklärt. Neuer Papst sei ab jetzt Alexander V. (1340–1410). Nur akzeptieren weder der eine noch der andere ihre Amtsenthebung. Mit dem Resultat, dass es ab jetzt sogar drei Päpste in der katholischen Kirche gibt. Erst beim Konzil von Konstanz (1414–1418) und hier durch die Vermittlung Kaiser Sigismunds kann der Konflikt wirklich beigelegt werden. Einziger Sitz des Papstes ist nach gutem altem Brauch wieder Rom, einziger Papst der Italiener Martin V. (1368–1431, mit bürgerlichem Namen Oddo di Colonna). Damit endet am 11. November 1417 das Schisma.

Aber ... Die innerkirchliche Spaltung ist zwar beigelegt, durch die zahlreichen Differenzen ist jedoch ein Fundament geschaffen für Kritik an der Catholica und damit auch der Grundstein gelegt für Reformbestrebungen.

17

John Wyclif (ca. 1330–1384) in England fordert, als einzige Autorität in kirchlichen Fragen sei die Bibel anzusehen, die er auch ins Englische übersetzt. Zölibat und Ablässe lehnt er ab. Er und seine Anhänger, die Lollarden, nehmen zwar viele der späteren Lehren Luthers vorweg, werden aber unterdrückt. Aufbauend auf den Lehren Wyclifs tritt im Gebiet des heutigen Tschechien Jan (auch Johannes) Hus (1370–1415) in Erscheinung. Seine Anhänger, die Hussiten, haben zwar einigen politischen Einfluss. Dennoch endet Hus, als er sich während des Konzils von Konstanz weigert, seine Lehren zu widerrufen, als Häretiker auf dem Scheiterhaufen.

Und schließlich noch Martin Luther: Seine Zeit zählt nicht mehr zum Spätmittelalter, sondern markiert den Beginn der Neuzeit. Luther führt, so könnte man sagen, das Werk seiner Vorgänger zu Ende: Er gilt als Begründer einer neuen Konfession. Zwar hatte er ur-

Schisma oder Kirchenspaltung?

Das Wort »Schisma« leitet sich aus dem Griechischen ab und bedeutet auf Deutsch »Glaubensspaltung«. Nach kanonischem Recht versteht man unter einem Schisma die Aufkündigung der kirchlichen Einheit.

Martin Luther als Schismatiker par excellence? Nein, genau das ist er nicht. Denn, und das ist entscheidend, bei einem Schisma bilden sich nicht gleichzeitig neue theologische Auffassungen oder Glaubensinhalte. Die Trennung vollzieht sich stattdessen innerhalb einer bestehenden etablierten Glaubensgemeinschaft. Im Falle des Reformators und der protestantischen Kirche, die sich im Zuge der Neuerungen entwickelt hat, müsste man dagegen von einer »Kirchenspaltung« sprechen. Denn hier ändert sich auch der institutionelle Rahmen und damit die Kirchenverfassung.

Luther, der Kirchenspalter? Ja, in gewisser Weise durchaus. Aber Diplomatie klingt anders. Deshalb nun noch ein dritter Begriff: Im Fall der Trennung von katholischer und evangelischer Konfession spricht man im Sinne des ökumenischen Dialogs und damit gleichzeitig im Sinne einer friedlichen Koexistenz beider Kirchengemeinschaften inzwischen etwas abgeschwächter von einer »Kirchentrennung«.

Die drei Reformer: John Wyclif, Jan Hus (Zeichnung von Johann Acricola, 1562) und Martin Luther (Zeichnung von Lucas Cranach d. Ä.)

sprünglich nichts dergleichen im Sinn, dennoch beenden Luther und die Reformation endgültig die Einheit der Westkirche, die als ein wesentliches Merkmal des Mittelalters gilt.

Das Ende des Mittelalters

Damit sind wir am Ende des Mittelalters angekommen. Da aber historische Epochen erst nachträglich definiert werden, ist man sich in der Forschung nicht vollkommen einig, wann die eine Zeit, das Mittelalter, endet und wann die neue beziehungsweise die »Neuzeit«, wie sie allgemein genannt wird, beginnt. Einmal wird die Erfindung des modernen Buchdrucks im Jahr 1450 als Zeitenwende festgesetzt. In einem anderen Modell ist es die Entdeckung der Neuen Welt durch Christoph Kolumbus im Jahr 1492. Häufig aber ist es die Reformation, deren Beginn man auf das Jahr 1517 datiert, mit der das Mittelalter seinen Abschluss findet. Insgesamt kann man den Wechsel vom mittleren in das neue Zeitalter also auf die Jahre zwischen 1450 und 1517 eingrenzen.

Die Frau im Mittelalter

War das Mittelalter eine frauenfeindliche Epoche? Ja, aber nicht nur.
Ja, denn im allgemeinen Frauenbild dieser Epoche finden wir aus heutiger Sicht nicht unbedingt viel Achtung vor dem weiblichen Geschlecht. Nicht nur, weil neueste Forschungen inzwischen ein etwas differenzierteres Rollenbild zeigen.

Insgesamt bleibt es aber bei der Tatsache, dass das Mittelalter den Frauen ihren Platz zuweist, und es ist fraglich, ob Männer den gerne und vor allem, ob sie ihn freiwillig eingenommen hätten.

Oberste Autorität: die Bibel

Wenn für die Menschen des Mittelalters eine Quelle existiert, die maßgeblich über alle wichtigen Fragen Auskunft gibt, dann ist es die Bibel. Was aber, wenn man auch hier unterschiedliche Aussagen findet? Die Schöpfungsgeschichte aus dem Alten Testament ist das beste Beispiel dafür:

> »So schuf Gott die Menschen nach seinem Bild, als Gottes Ebenbild schuf er sie und schuf sie als Mann und Frau.« (Gen. 1,27)

Hier ist die Lage recht eindeutig. Mann und Frau sind beide Ebenbilder Gottes und stehen dabei gleichberechtigt nebeneinander. Aber:

> »Da nahm Gott, der HERR, Staub von der Erde, formte daraus den Menschen und blies ihm den Lebensatem in die Nase. So wurde der Mensch ein lebendes Wesen.« (Gen.2,7)

»Gott, der HERR; dachte: ›Es ist nicht gut, dass der Mensch so allein ist. Ich will ein Wesen schaffen, das ihm hilft und das zu ihm passt.‹ So formte Gott aus Erde die Tiere des Feldes und die Vögel. Dann brachte er sie zu den Menschen, um zu sehen, wie er jedes einzelne nennen würde; denn so sollten sie heißen. Der Mensch gab den Vögeln ihre Namen, doch unter allen Tieren fand sich keins, das ihm helfen konnte und zu ihm passte. Da versetzte Gott, der HERR, den Menschen in einen tiefen Schlaf, nahm eine seiner Rippen heraus und füllte die Stelle mit Fleisch. Aus der Rippe machte er eine Frau und brachte sie zu dem Menschen. Der freute sich und rief: ›Endlich! Sie ist's! Eine wie ich! Sie gehört zu mir, denn von mir ist sie genommen.‹ (Gen 2,18–23)

Und schon ist der Sachverhalt nicht mehr ganz so eindeutig. Die Frau ist aus der Rippe des Mannes erschaffen, und zwar einzig zu dem Zweck, ihm zur Seite zu stehen. Diesem Schöpfungsmodell schließt sich auch der Apostel Paulus an:

»(...) denn der Mann ist das Abbild Gottes und spiegelt die Herrlichkeit Gottes wider. In der Frau spiegelt sich die Herrlichkeit des Mannes. Der Mann wurde nicht aus der Frau geschaffen, sondern die Frau aus dem Mann. Der Mann wurde auch nicht für die Frau geschaffen, wohl aber die Frau für den Mann.« (1. Kor. 11, 7–10)

Richtungsweisend für die Bibelauslegung des Mittelalters ist über lange Zeit der Kirchenvater Augustinus (Augustinus von Hippo, 354-430). Und er spricht zwar beiden Geschlechtern **als Menschen** die Ebenbildlichkeit zu, nicht allerdings der Frau **in ihrer Eigenschaft als weibliches Wesen.** Ihm schließt sich auch ein weiterer einflussreicher Denker des Mittelalters an, der Philosoph und Theologe Thomas von Aquin (1225-1274): Im Hinblick auf die körperliche Natur der Frau »liegt freilich im Manne ein Bild Gottes vor, wie es sich in der Frau nicht findet. Denn der Mann ist Ursprung und Ziel der Frau, wie Gott Ursprung und Ziel der gesamten Schöpfung ist.«[1] Gleichzeitig sieht Thomas Frau und Mann aber als Partner, ihre Beziehung ist eine »socialis conjunctio« genauso wie ein »consortium dilectio-

---

[1] Dieses und auch alle weiteren Zitate des vorliegenden Kapitels stammen aus dem Buch von C. Nolte: Frauen und Männer in der Gesellschaft des Mittelalters. Hier S. 37

nis«, eine Verbindung der Liebe. Und selbst der Kirchenvater Augustinus bewertet die Ehe auch als eine Gemeinschaft. Auch. Nachhaltiger ins Mittelalter wirken dagegen andere seiner Aussagen: Die Frau, meint er, sei dem Mann vor allem deshalb zur Seite gestellt worden, um Kinder hervorzubringen. Denn wenn es darum gegangen wäre, dass ihm jemand bei der Arbeit unterstützen, ihm Trost oder Zuwendung geben oder gar eine gute Gesellschaft sein sollte, dann hätte Gott vermutlich keine Frau, sondern einen zweiten Mann geschaffen!

Ein anderes Argument für die untergeordnete Rolle der Frau ist, wie könnte es anders sein, der Sündenfall. Damit ist das Geschlechterverständnis nicht mehr eine Frage der Natur, sondern der Schuld: Hätte Eva nicht auf die Schlange gehört, wäre alles schön harmonisch geblieben, Mann und Frau in bester unwissender Eintracht im Paradies. Wir hätten weder Suffragetten noch Alice Schwarzer und ihre Zeitschrift »Emma« jemals gebraucht.

Der Sündenfall. Limoges um 1525, Museum für Angewandte Kunst Frankfurt am Main

Das ist die eine Betrachtungsweise. Eine zweite geht davon aus, dass es nicht so sehr an der Schlange und ihrer Hinterlist lag, sondern dass die Frau schon seit ihrer Erschaffung dazu bestimmt war, sich dem Mann unterzuordnen. Der Sündenfall habe das Ganze lediglich zu einer Strafe verschärft:

Einig sind sich dagegen (fast) alle großen Denker des Mittelalters darin, dass Eva allein die Verantwortung für den Sündenfall trägt. Schon einer der frühesten christlichen Schriftsteller, Tertullian (nach 150–220), nennt die Frau kurz und unmissverständlich eine »diaboli janua«, eine Pforte der Hölle. Ganz so drastisch will man das später zwar nicht mehr sehen, aber viel besser wird es auch nicht: Eva ist sowohl verführbar als auch selber Verführerin, was aber nicht an ihrem bösen Willen liegt. Sie kann es schlicht nicht anders. Es gehört zu ihrer Beschaffenheit als Frau, intellektuell minderbegabter, moralisch gefährdeter und stärker durch ihre sexuelle Begierde bestimmt zu sein als ein Mann. Die Seele oder der Geist könne sich in einem weiblichen Körper einfach nicht so gut entfalten wie in dem eines Mannes – davon sind zumindest die Scholastiker des 13. Jahrhunderts überzeugt. Im (schwachen) weiblichen Körper herrsche mehr Gefühl als Verstand, so hatte schon Isidor von Sevilla (ca. 560–636) es kundgetan, ein weiterer richtungsweisender Theologe des Mittelalters.

Durch den Sündenfall sei es außerdem nicht nur so weit gekommen, dass die Frau von nun an bei der Geburt ihrer Kinder Schmerzen haben muss, ihr Regelblut zerstöre darüber hinaus alles, was mit ihm in Berührung komme. Die Frau ist zum »animal menstruale« geworden. Während der Regelblutung und der Geburt der Kinder ist sie ein unreines Wesen.

Einzig Hildegard von Bingen (1098–1179) kann der Tatsache, dass es Eva war, die Adam zum Verzehr des verbotenen Apfels animiert hat und nicht umgekehrt, etwas Positives abgewinnen: »Hätte Adam früher als Eva das Gebot übertreten, dann wäre diese Übertretung so stark und unheilbar gewesen, daß der Mensch in eine so große, unverbesserliche Verhärtung gefallen wäre,

Jungen willkommen!

Unabhängig davon, ob Bauern oder Adelige, die Geburt von Söhnen und damit männlichen Erben wird weit mehr bejubelt als die von Mädchen. Um diesem Ziel näherzukommen, beten Frauen zur heiligen Verena.

daß er gar nicht mehr erlöst hätte werden wollen und können. Weil aber Eva das Gebot zuerst übertrat, konnte die Schuld leichter getilgt werden, weil sie gebrechlicher als der Mann war.«[1] Die Frau als zartes, nachgiebiges, vielleicht sogar zur Einsicht und Versöhnung bereites Wesen? Im Grunde unterstützt die große Ordensfrau des Mittelalters hier auch nur das zutiefst patriarchale Gesellschaftsbild ihrer Zeit.

---

[1]   Hildegard von Bingen, zitiert nach Nolte, S. 39

Von Natur aus überlegen: die 4-Säfte-Lehre

Nicht ganz so viel Autorität wie die Theologie, aber doch noch genügend besitzt auch eine medizinische Theorie, die das Denken der Menschen sogar bis ins 17. Jahrhundert hinein bestimmt. Die Rede ist von Galens »Humoralpathologie«. Der antike Arzt Galen (Galenos von Pergamon, zwischen 128 und 131 – zwischen 199 und 216) hatte das Modell der Lehre von den vier Säften (humores) entwickelt: In jedem lebenden Körper gibt es vier Säfte, die mit den vier Elementen korrespondieren, außerdem sind sie mit den Jahres- und Tageszeiten und den Lebensaltern verknüpft. Hier der besseren Übersicht halber in Auflistung:

Modell der Vier-Säfte-Lehre, aus Leonhard Thurneyssers »Quinta Essentia«, 1574

•Blut: feucht und warm
•Schleim (Phlegma): kalt und feucht
•rote Galle: warm und trocken
•schwarze Galle: trocken und kalt

In jedem Menschen herrscht nun ein Saft vor und bestimmt dadurch seinen Charakter. Blut steht für ein sanguinisches Grundnaturell, der Schleim für ein phlegmatisches, rote Galle bedeutet, dass ein Mensch zur Cholerik neigt, schwarze Galle lässt ihn melancholisch sein. Wenn ein Mensch gesund ist, dann sind die Säfte (weitgehend) im Gleichgewicht. Krankheit bedeutet, dass einer von ihnen im Übermaß vorhanden ist oder dass die Säfte insgesamt verdorben sind.

Bis hier mag das noch als ein absurdes oder schlicht veraltetes Konzept durchgehen. Nur gilt als

Lebensalter

Die Bevölkerung im Mittelalter ist insgesamt »jung«: zwischen 45 und 60 Prozent der Menschen sind Kinder und Jugendliche (beiderlei Geschlechts) unter 20 Jahren. Allerdings stirbt durchschnittlich jedes zweite Kind, bevor es das 14. Lebensjahr erreicht. Ca. 12 Prozent der Menschen werden über 60 Jahre alt.

Von denen, die das 20. Lebensjahr erreichen, werden weniger Frauen als Männer über 40 Jahre alt. Die Ursache dafür liegt im Risiko, das Schwangerschaften und Geburten mit sich bringen. Hat eine Frau aber einmal ein Alter jenseits der 40 erreicht, kann sie ohne Weiteres auch 60 Jahre alt werden.

Privilegiert sind vor allem Frauen, die in einem Kloster leben. Sie können ein Alter von 80 Jahren und mehr erreichen. Zum einen bleiben ihnen sämtliche Risiken erspart, die mit Reproduktion verbunden sind, zum anderen führen sie ein eher geruhsames Leben mit geringer körperlicher Belastung auf der einen und einer ausreichenden Versorgung mit Essen auf der anderen Seite.

Und hier noch ein Detail, das eher überrascht: Während der Pest im 14. Jahrhundert sind es gerade die alten Menschen, Männer wie Frauen, die die Seuche überstehen. Man führt das auf einen bereits besser ausgebildeten Immunschutz als bei jungen Menschen zurück.

die Hauptkraft der Natur die Wärme. Und die ist – wen wundert's – beim Mann in weit größerer Menge vorhanden als bei der Frau. Männer sind von ihrem Grundtypus her eher trocken-warm, Frauen feucht-kalt.

Die Conclusio aus dieser »Erkenntnis« ist ebenso einfach wie unerfreulich, zumindest aus weiblicher Sicht: je mehr Wärme, umso perfekter der jeweilige Mensch. Pech für die Frauen.

Und es geht noch weiter: Thomas von Aquin schließt aus dieser Lehre, dass bei der Zeugung das männliche Sperma als der aktive Teil wirke, während der Frau nur die passive Funktion zukomme. Demzufolge müsse ein Mann eigentlich immer männliche Nachkommen zeugen, denn jede Wirkungsursache bringt ihr Ähnliches hervor. Ist das Kind dennoch ein Mädchen, liegen bei der Zeugung widrige Umstände vor. Das Sperma könnte beispielsweise

defekt sein oder feuchte Südwinde bewirken, dass ein Kind mit einem größeren Wasserge-
halt entsteht. Die Frau ist demnach nichts anderes als ein missglückter Mann! Und deshalb
ist sie »von Natur aus geringer an Tugend und Würde als der Mann«, so schreibt Thomas
von Aquin in seinem Hauptwerk, der »Summa theologiae«[1]. Woraus mit zwingender logi-
scher Konsequenz folgt: »Die Frau wird regiert, der Mann regiert«[2]. Naturwissenschaft und
scholastische Theologie liefern damit die Grundlage der Rechtsvorstellung dieser Zeit.

Allerdings muss man fair bleiben. Denn dadurch, dass im Mittelalter allgemein davon
ausgegangen wird, der Mann sei besser als die Frau, trägt man auch hohe, oft vermutlich zu
hohe Erwartungen an ihn heran. Er hat als Ehemann genauso wie als Oberhaupt der Familie die verantwortungsvollere Rolle als die Frau. Man(n) muss ständig seine Männlichkeit
unter Beweis stellen und allen überlegen sein, den Frauen genauso wie den anderen Männern. Ein ganz einfaches Rollenbild ist das nicht immer und erst recht nicht für jeden.

Die rechtliche Stellung der Frau

Die Handlungsfähigkeit von Frauen ist sowohl nach germanischem als auch nach mittelal-
terlichem Recht stark eingeschränkt: Sie dürfen keine öffentlichen Ämter wahrnehmen,
keine Waffen tragen und keine kriegerischen Auseinandersetzungen führen. Letzteres mag
man als Vor- oder auch als Nachteil sehen, das hängt von der jeweiligen Position ab, die man
dem Krieg gegenüber insgesamt einnimmt.

Allerdings sind Frauen auch in Fragen des Erbrechts benachteiligt und können nur eingeschränkt über ihren eigenen Besitz verfügen. Sich selbst vertreten dürfen sie vor Gericht
nicht. Das geht so weit, dass sie nicht einmal im Falle einer Vergewaltigung selber Anklage
erheben können, sondern eines männlichen Beistands bedürfen.

---

[1]   Das Zitat des Thomas (Summa Teil I, Quaestio 92, Art. 1) wurde aus dem folgenden Buch übernommen: Joachim Bumke:
      Höfische Kultur, Literatur und Gesellschaft im Hohen Mittelalter, Band 2, DTV München 1986, 3. Auflage, S. 456
[2]   Thomas von Aquin (Summa, Teil II, 2, Quaestio 149, Art. 4) zitiert ebd. S. 457

Stichwort Vergewaltigung: Sie gilt zwar im Mittelalter als eines jener Verbrechen, das mit dem Tod durch Enthauptung bestraft wird. In einigen Rechtsordnungen betrifft das aber nur »ehrbare« Frauen. Die Frau muss bei der Tat außerdem schreien, tut sie es nicht, scheint das als schweigende Zustimmung verstanden zu werden.

Auch als Zeugin wird eine Frau nur mit Einschränkungen zugelassen. Unverheiratete Frauen stehen unter der »Muntgewalt« ihres Vaters oder, wenn der nicht mehr lebt, unter der des nächsten männlichen Blutsverwandten.

Das Wort »Munt« kommt von urgermanisch »mundō« und bedeutet »Hand, Schutz«. Der Begriff spielt eine zentrale Rolle im Personenrecht des Mittelalters:

Der »Wert« einer Frau

Genaugenommen geht es hier nur um den Wert einer freien Frau. Der »Wert« ist dabei ausgesprochen materiell zu verstehen: Wer nämlich, so legt es die »Lex Salica« (das Salische Recht) fest, im Frühmittelalter ein noch nicht gebärfähiges Mädchen oder eine nicht mehr gebärfähige freie Frau tötet, der muss deren Familie ein niedrigeres Wergeld (Bußgeld) zahlen, als bei einer freien Frau im gebärfähigen Alter anfällt. Deren Tötung kostet gleich das Dreifache.

Der sogenannte Muntherr übernimmt den Schutz für den Muntling (Ehefrau, Kinder und Gesinde), er haftet aber auch für dessen oder deren Fehler. Er vertritt ihn vor Gericht und trifft bei weiblichen Familienangehörigen die Absprachen bei Eheschließungen. Außerdem hat er als »pater familias« auch das Recht, seine Ehefrau zu züchtigen oder im Falle eines Ehebruchs in einzelnen Fällen sogar – zu töten.

EXKURS

Die Züchtigung der Ehefrau hat übrigens auch Eingang gefunden in eines der bekanntesten literarischen Werke des Mittelalters, das Nibelungenlied. Zur Vorgeschichte: Königin Brünhild weigert sich, mit ihrem Mann Gunther in der Hochzeitsnacht das zu tun, wofür Hochzeitsnächte meistens vorgesehen sind. Und weil sie geradezu übermächtige Kräfte hat, landet der König statt mit seiner

Ehefrau im Bett an der Wand an einem Haken, an dem sie ihn mit ihrem Gürtel aufhängt. Sie möchte endlich in Ruhe schlafen. Alleine. Gunther beklagt sich über diese fiese Behandlung bei seinem Freund Siegfried, der findet das auch sehr fies und verspricht zu helfen. In seinen Tarnmantel gehüllt kommt er in der folgenden Nacht zu Brünhild, zeigt ihr, wer Chef im Ring ist, und überlässt sie dann seinem Freund Gunther, damit der seinen ehelichen Aufgaben endlich nachkommen kann. Dummerweise erzählt Siegfried anschließend seiner Ehefrau Kriemhild davon, mit dem Ergebnis, dass Kriemhild im berühmten Streit vor dem Wormser Münster darauf besteht, vor Brünhild in die Kirche gehen zu dürfen. Die Zankerei gipfelt schließlich darin, dass Kriemhild die andere als »Kebsweib«, also als Hure ihres eigenen Mannes Siegfried bezeichnet. Was zum einen inhaltlich nicht stimmt, zum anderen aber im Laufe des Epos jede Menge Gemetzel nach sich zieht.

Vor dem allgemeinen Morden allerdings bereut Kriemhild noch einmal ausdrücklich ihr Benehmen, auch ihr Mann Siegfried habe sie dafür schon angemessen verprügelt: »(...) ouch hât er sô zerblouwen darumbe mînen lîp / daz ich ez ie geredete daz beswaete ir den mout / daz hât vil wol errochen der helt küene unde guot.« (... außerdem hat mich der tapfere und herrliche Mann (Siegfried – A.S.) auch ordentlich verprügelt und gründlich dafür bestraft, dass ich jemals etwas gesagt habe, was sie gekränkt hat).[1]

Ab dem Hochmittelalter sind die Söhne mit 21 Jahren »mündig«, das heißt, sie dürfen von nun an selbst Geschäfte abschließen. Anders als die Töchter. Die wandern von der Munt des Vaters direkt in die des Ehemannes. So ganz gratis ist das für den künftigen Gatten zwar nicht, immerhin muss er einen Muntschatz zahlen. Aber danach ist die Frau rechtlich betrachtet in seinem Besitz.

---

[1]   Das Nibelungenlied, Teil 1, Mittelhochdeutscher Text und Übertragung. Hrsg. Übersetzt und mit einem Anhang versehen von Helmut Brackert. Fischer TB, Frankfurt am Main 1970, Strophe 894

Von der Munt zum Vormund

Der Begriff der Munt hat sich übrigens als »Vormund« beziehungsweise »Mündel« bis ins Betreuungsrecht unserer Gegenwart erhalten. Nur gilt er heute erfreulicherweise nicht mehr in der Ehe.

Die Erbnachfolge können Frauen des Adels nur dann antreten, wenn der männliche Zweig ausgestorben ist. Aber auch das verhilft ihnen nicht unbedingt zur Unabhängigkeit. Denn es versteht sich von selbst, dass eine Erbtochter heiratet und damit die Herrschaft an ihren Ehemann abgibt. Als Königinnen sind Frauen eher die Ausnahme, am ehesten trifft man sie als sogenannte Vormundschaftsregentinnen ihrer minderjährigen Söhne.

Eine Alternative zur Unterordnung unter die patriarchalische Ehe ist für die Frauen des Mittelalters das Kloster. Für viele ist es nicht das schlechteste Lebensmodell. Denn hier können die Frauen ihre intellektuellen, handwerklichen und spirituellen Talente ausleben. Darüber hinaus bleiben ihnen, wenn sie diesen Weg bereits als junges Mädchen einschlagen, die Risiken von Schwangerschaft und Geburt erspart.

Hatte die Frau bei den Germanen noch ein recht hohes Ansehen im religiösen Kult (als Prophetin, für Fruchtbarkeitszauber, aber auch als Heilerin), so ändert sich auch das, je mehr die christliche Kirche mit ihrer Dämonisierung von Sexualität und Magie sie als Verführerin, wenn nicht sogar als Helferin des Teufels brandmarkt. Gleichzeitig wird der Urahnin all der Sünde, Eva, eine andere Frau gegenübergestellt: Maria, die Gottesmutter, die ihren Sohn jungfräulich empfangen hat.

Und was ist mit der Minne?

Sie ist beinahe schon der Inbegriff des Mittelalters: die Minne. Also die Liebe. Von Bündnisehen oder gar von Unterordnung der Frau unter den Mann ist da nie die Rede. Im Gegenteil.

Zwar gibt es ganz verschiedene Formen der Minnelyrik, denn der Begriff hat sich im Laufe der Zeit gewandelt. Die Minnesänger haben sich in ihren Texten zum Teil regelrechte Diskussionen darüber geliefert, was eigentlich die »richtige« Minne sei. Hier soll aber nur das Konzept der Hohen Minne vorgestellt werden, und das lässt sich am besten veranschaulichen, wenn man einen der bedeutendsten Minnesänger des Mittelalters direkt zu Wort kommen lässt: Herrn Reinmar von Hagenau (12. Jahrhundert) mit seinem Lied »Ich wirbe umbe allez, daz ein man«. Um ein Gefühl für die Literatur dieser Zeit zu vermitteln, ist hier zunächst das Original abgedruckt (Strophe 1, 4 und 5), die Übersetzung folgt anschließend in Klammern:

Herr Reinmar der Alte oder auch Reinmar von Hagenau, aus dem Codex Manesse, 14. Jahrhundert

Ich wirbe umbe allez, daz ein man
ze wereltlîchen fröiden iemer haben sol.
daz ist ein wîp, der ich enkan
nâ ir vil grôzem werde niht gesprechen wol.
lobe ich sî, sô man ander frouwen tuot,
daz engenîmet sî niemer tac von mir vür guot.
doch swer ich des, sî ist an der stat,
dâz ûz wîplîchen tugenden nie vuoz getrat.
daz ist in mat!

(...)

Sî ist mir liep, und dunket mich,
wie ich ir vollecliche gar unmaere sî.
waz darumbe? Daz lide ich.
ich was ir ie mit staeteclichen triuwen bî.
nu waz, ob lihte ein wunder an mir geschiht,
daz sî mich eteswenne gerne siht?
sâ denne lâze ich âne haz,
swer giht, daz ime an fröiden sî gelungen baz:
der habe im daz.

Diu jâ diu ich noch ze lebenne hân,
swie vil der waere, ir wurde ir niemer tac genomen.
sô gar bin ich ir undertân,
daz ich niht sanfte ûz ir gnâden mohte komen.
ich fröuwe mich des, daz ich ir dienen sol.
sî gelônet mir mit lihten dingen wol,
geloube eht mir, swenne ich ir ságe
die nôt, die ich an dem herzen von ir schulden trage
dicke án dem tage.

(Ich werbe um alles, was ein Mann zum irdischen Glück jemals haben muss. Das ist eine Frau, die ich gar nicht ihrem Ansehen entsprechend rühmen kann. Preise ich sie, wie man es mit anderen Frauen tut, dann hält sie das zu keiner Zeit für ausreichend. Doch leiste ich darauf einen Schwur: Sie steht an einer Stelle, wo sie vom Weg weiblicher Vollkommenheit niemals auch nur einen Fuß abwich.

Sie ist mir lieb, aber ich glaube, ich bin ihr ganz und gar gleichgültig. Was soll's? Das kann ich ertragen. Ich habe mich immer in Beständigkeit und Treue um sie bemüht. Nun, vielleicht geschieht ein Wunder an mir, daß sie mich irgendwann einmal sogar zu sehen wünscht? Dann lasse ich aber auch keine feindseligen Gefühle aufkommen, wenn jemand behauptet, es sei ihm größeres Glück zuteil geworden.

Die Jahre, die ich noch zu leben habe, wie viele es auch sein mögen: Kein Tag soll ihr jemals davon genommen werden. So völlig bin ich in ihrer Gewalt, daß ich auf keinen Fall aus dem Bereich ihrer Huld herausfallen möchte. Ich freue mich darüber, daß ich ihr dienen darf. Glaube mir, sie belohnt mich sicherlich mit kleinen Vergünstigungen.)[1]

Die Frau in diesem Lied zeigt keinerlei Interesse an dem Mann. Was ihn allerdings nicht daran hindert, sie für die Größte, Schönste, Beste auf der Welt zu halten. Das ist tragisch.

So könnte die Szenerie ausgesehen haben: der Minnesänger Otto von Botenlauben, Botenlauben-Brunnen in Bad Kissingen

Dazu aber eine allgemeine Anmerkung: Die Lyriker des Mittelalters drücken in ihren Liedern, anders als die Dichter späterer Epochen, nicht ihre individuellen Gefühle aus. Ein Liebeslied spiegelt nicht das tatsächliche Empfinden eines lyrischen Ichs wider, in dem die Leser sich unter Umständen sogar wiedererkennen können. Stattdessen wird hier nach einer Art »Muster« gedichtet. Es ist eine Lyrik, die bestimmte Topoi – Gemeinplätze oder auch stereotype Bilder – bedient.

Und in der Hohen Minne ist es der Topos von der unerfüllten Liebe des Mannes zu einer ihm im Rang übergeordneten Frau. Er betet sie an, er schwört ihr, ähnlich wie ein Lehnsmann seinem Lehnsherrn, für alle Zeiten Treue. Es würde ihm schon genügen, wenn sie ihm nur ab und zu einen Blick zuwerfen würde. Aber sie denkt gar nicht daran. Natürlich – und nun wird das Ganze paradox – würde er sich noch Vieles mehr von ihr wünschen, am besten wäre das komplette Angebot. Aber ... spätestens wenn die »frouwe«, die Herrin, dieser

---

1   Text und Übersetzung sind dem folgenden Buch entnommen: Minnesang. Mittelhochdeutsche Texte, Übertragungen und Anmerkungen. Hrsg., übersetzt und mit einem Anhang versehen von Helmut Brackert. Fischer TB, Frankfurt am Main 1983, S. 118ff

Bitte nachkäme, wäre sie nicht mehr die, die er so bewundern kann. Denn zum Bewundern gehört in der Hohen Minne die Unerreichbarkeit. Es ist eine Lyrik des Leidens an der unerfüllten Liebe.

Neben dieser Form der Minnelyrik gibt es übrigens noch weitere, wie unter anderem das Tagelied, in dem das Paar nach einer heimlich gemeinsam verbrachten Nacht Abschied nehmen muss. Und noch etliche mehr, aber das würde an dieser Stelle zu weit in die Tiefen der mittelhochdeutschen Literatur führen.

Um nun wieder zur hohen Minne Reinmars zurückzukehren: Warum erfindet eine Gesellschaft, in der die Frau sich in der realen Welt dem Mann unterzuordnen hat, eine solche Literatur? Die Antwort ist: Man weiß es nicht so genau. Es gibt zahlreiche Erklärungsansätze. Wenn man sich aber an das Offensichtliche hält, bleibt einfach nur festzustellen, dass diese Form der Minnelyrik ein Gegenbild zur Realität darstellt.

Grund zur Sorge für alle erklärten Frauenfeinde besteht trotz aller Hohen Minne ohnehin nicht. Denn spätestens in der Allegorie der »Vrô Werlt«, der »Frau Welt«, begegnen wir schon wieder dem bedrohlichen Anteil des Weiblichen: Von vorne stellt das Bild eine schöne Frau dar. Sie verkörpert Sinnesfreude, (weltliches) Glück und Verlockung. Ihre Rückseite aber ist voller Ungeziefer und Eiter und bildet damit die Ver-

Frau Welt am Wormser Dom, vordere und hintere Ansicht

33

wesung ab. Diese Figur mahnt die Menschen an das »Contemptus mundi«, an die Verachtung der Welt. Sie zeigt die Vergänglichkeit aller irdischen Freuden, und die werden hier – natürlich, möchte man ergänzen – durch eine Frau versinnbildlicht.

In den späteren Volksschwänken werden die Frauen gerne in komödiantischer Form zu den Charaktertypen der Ehebrecherin, der manntollen Witwe, der habgierigen Hure oder des zänkischen Weibs stilisiert.

Man sollte vielleicht noch erwähnen, dass das eigentliche Publikum zumindest der höfischen Literatur die Frauen selber sind. Sie zählen auch zu den wichtigsten Förderern der Literatur im Hochmittelalter.

Die Ausbildung junger (adeliger) Mädchen

Viele adelige Mädchen lernen lesen und schreiben und erwerben im Zuge dessen auch einige Grundkenntnisse in der lateinischen Sprache. Denn sie sollen imstande sein, den Psalter (eine Psalmensammlung) zu lesen. Umfangreichere Bildung bleibt den meisten von ihnen allerdings vorenthalten. Weit größer ist da schon der Katalog an Verhaltensregeln, mit denen man die Mädchen ausstattet – eher sollte man allerdings sagen: einengt. Aus dem monumentalen Lehrgedicht »Der wälsche Gast« des Thomasin von Zirklaere (ca. 1186 – ca. 1238) wissen wir, dass unter anderem folgende Vorschriften für junge Mädchen gelten:

- Eine Dame soll nicht mutwillig scherzen.
- Eine Dame soll einen fremden Mann nicht direkt ansehen.
- Eine junge Dame soll wohlgefällig und nicht zu laut sprechen.
- Der Anstand verbietet es allen Damen, beim Sitzen ein Bein über das andere zu schlagen.
- Eine Dame soll beim Gehen niemals zu stark auftreten oder zu große Schritte machen.

- Eine Dame soll sich beim Reiten nach vorne, zum Kopf des Pferdes, wenden und nicht ganz quer sitzen.
- Eine Dame soll beim Reiten nicht ihre Hand aus dem Kleid herausstrecken, sie soll Augen und Kopf stillhalten.
- Eine Dame, die auf Anstand achtet, soll nicht ohne Mantel ausgehen. Wenn sie kein Oberkleid anhat, soll sie ihren Mantel zusammenhalten. Es verstößt gegen die gute Sitte, wenn irgendein Teil ihres Körpers unbedeckt zu sehen ist.
- Sie soll beim Gehen nach vorne schauen und sich nicht viel umsehen.
- Eine junge Dame soll wenig sprechen, wenn man sie nicht fragt; eine erwachsene Dame soll auch nicht viel sprechen, besonders beim Essen.[1]

Noch rigider sind die Ausführungen im »Chastoiement des dames« des Robert de Blois (Mitte des 13. Jahrhunderts). Hier nur ein paar Kostproben seiner Anweisungen:

- Paßt auf und laßt keinen Mann seine Hand an euren Busen legen, außer dem, der das Recht dazu hat.
- Wenn er (der Ehemann – A.S.) es will, laßt es willig geschehen, weil ihr ihm Gehorsam schuldet.
- Vor allem will ich euch warnen, ihr Damen, daß ihr nicht streitet.

Es versteht sich von selbst, dass eine anständige Frau so gut wie alles zu verhüllen hat, womit sie den armen Mann in Versuchung führen könnte. Übrig blieben da nur Hals, Gesicht und Hände.[2]

Und noch etwas hat sie zu »verhüllen«: ihren Verstand. Dazu noch einmal Thomasin von Zirklaere: »Wenn sie mehr Verstand hat, so soll sie den Anstand und die Weisheit besitzen, nicht zu zeigen, wieviel Verstand sie hat. Man will sie nicht als Herrscherin haben. Ein Mann soll in vielen Wissenschaften bewandert sein. Die Erziehung einer vornehmen Dame schreibt vor, daß eine Edelfrau, die anständig und von guter Abstammung ist, nicht zu viel Klugheit besitzt. Einfältigkeit steht den Damen gut an.«[3]

---

1 Thomasin von Zirklaere: Der wälsche Gast. Zitiert nach Bumke, S. 477
2 Robert de Blois, zitiert nach Bumke, S. 478f

Man sieht: Wer in den Texten des Mittelalters nach misogynen Aussagen sucht, steht vor keiner allzu schwierigen Aufgabe. Und weil es so schön ist, abschließend noch ein Ausschnitt aus einem Gedicht Heinrichs des Teichners (14. Jahrhundert): »Es ist unnötig, daß eine Frau viel reden kann. Wozu soll sie reden können? Wenn sie für das Ansehen des Hauses sorgt und wenn sie das Paternoster kann und wenn sie die Bediensteten tadelt und zu rechtem Benehmen anhält, dann versteht sie genug vom Reden, so daß es keiner Disputationskunst bedarf aus den sieben hohen Künsten.«[1]

Die Frau und die Stadt

Zum Abschluss dieser Einführung nun aber noch etwas Erfreuliches: In der Stadt geht es den Frauen – in Bezug auf Selbständigkeit – bis ins 15. Jahrhundert besser als auf dem Land oder in den Adelshäusern. Sie sind in den Gewerbebetrieb eingebunden und dürfen auch darüber hinaus viele Berufe ausüben. Sie treiben (Klein-)Handel, sind Ärztinnen, Schulmeisterinnen, Tor- und Turmwächterinnen oder auch Zöllnerinnen. Auch zu den meisten Zünften haben sie Zugang. Und dann gibt es Berufe, die ohnehin nur von Frauen ausgeführt werden. Einer der prominentesten ist der der Hebamme. Auch die Herstellung von Tuchen und deren Verkauf fällt in den Aufgabenbereich von Frauen, ebenso Bierbrauen, Kleinhandel (vor allem im Lebensmittelgewerbe), die Viehhaltung, das Spinnen. Aber auch die Prostitution (sofern man sie im Mittelalter zu den »Berufen« zählen kann) wird ausschließlich von Frauen praktiziert.

Männer findet man dagegen in all jenen Bereichen, in denen sie sich, wie es Friedrich Schiller etliche Jahrhunderte später so schön formuliert, ins »feindliche Leben« hinausbegeben müssen. Vereinfacht ausgedrückt geht es um all jene Tätigkeiten, die mit Reisen verbunden sind. Fernhandel, Messebesuche, Fuhrwesen etc.

---

3   Der wälsche Gast, zitiert nach Bumke, S. 482f
1   Heinrich der Teichner, zitiert nach Bumke, S. 483

Heiratsfähig

Gute Daten über das Alter, in dem Mädchen und Jungen heiraten, findet man für den spätmittelalterlichen Hochadel. Da diese Ehen grundsätzlich vor allem dazu dienen, politische Allianzen zu schließen, sollen die Kinder so früh wie möglich verheiratet werden. Das bedeutet für die Töchter ein Mindestalter von 12 Jahren (so will es auch das Kirchenrecht dieser Zeit), die Jungen müssen 14 Jahre alt sein.

Allerdings wissen auch die Menschen des Mittelalters, dass allzu frühe Schwangerschaften für ein Mädchen gefährlich werden können. Deshalb werden zwar die Trauungen schon mit 12 Jahren durchgeführt, häufig wird aber gleichzeitig festgelegt, dass das Mädchen nicht vor ihrem 14. Lebensjahr schwanger werden darf.

Danach allerdings ist die »Schonfrist« vorbei: Aus dem Spätmittelalter wissen wir, dass eine Frau des Hochadels durchschnittlich zehn Kinder im Abstand von 20 Monaten zur Welt bringt.

Paare aus dem niederen Adel oder solche aus den unteren sozialen Schichten dürften dagegen die Zahl ihrer Kinder aus finanziellen Gründen geringer halten. Bei den notleidenden Frauen, also den Ärmsten der Armen, ist die Fruchtbarkeit wahrscheinlich ohnehin durch Mangelernährung und einen schlechten gesundheitlichen Allgemeinzustand herabgesetzt.

Vor allem aber finden wir in der Stadt die typischen Familienbetriebe, in denen die Ehepartner einander zuarbeiten: Der eine stellt die Waren her, die andere verkauft sie im angrenzenden Verkaufslokal. Geht der Mann auf (Verkaufs-)Reisen, übernimmt während seiner Abwesenheit die Frau die Geschäfte. Sie vertritt ihn bei seinen Handelspartnern und leitet seine Gehilfen, aber auch seine Schreiber an. Das setzt wiederum voraus, dass auch die Frauen ein umfangreiches kaufmännisches Wissen mitbringen. Aus heutiger Sicht erwähnenswert ist auch die Tatsache, dass vor allem im Spätmittelalter Frauen auch in Arbeitsbereichen tätig sind, die später als »männertypisch« gelten. Sie sind Chirurginnen, arbeiten auf Baustellen und in Salinen, und dort leisten sie harte körperliche Arbeit, schleppen Baumaterialien, Holz oder Wasser.

Unklar ist in der Forschung bis heute, wie weit Frauen berechtigt sind, einer Zunft anzugehören. Möglicherweise variiert das von Stadt zu Stadt. Im westlichen Europa wissen wir bislang nur von Köln und Paris, dass es dort eigene Frauenzünfte gibt. In Paris sind es die Seidenspinnerinnen und Frauen, die Seide verarbeiten, die sich in insgesamt fünf Zünften zusammenschließen. Auch in Köln bilden die Garnmacherinnen, die Seiden- und die Goldspinnerinnen eigene Frauenzünfte. Aber: Bekannt sind in Köln vier Frauenzünfte – wie es in den fünfzig(!) anderen (Männer-)Zünften aussieht, darüber wissen wir noch nicht viel. Möglich wäre eine Mitgliedschaft von Frauen, sofern sie in der jeweiligen Zunftordnung nicht von Anfang an ausdrücklich verboten ist.

In einigen Zünften werden die Frauen auch zu Meisterinnen ausgebildet, sie dürfen im Falle, dass sie Witwen werden, ihr Handwerk weiterhin ausüben und ihrerseits Lehrlinge ausbilden.

Zum Schluss wieder eine unerfreuliche Nachricht, an deren Inhalt sich bis heute nicht allzu viel geändert hat: Frauen werden auch im Mittelalter niedriger entlohnt als Männer! Gewisse Kontinuitäten bleiben also über Jahrhundert gewahrt … Und noch etwas hat sich bis heute leider nur in Ansätzen geändert: Frauen haben auch im Mittelalter weniger gute Chancen, beruflich aufzusteigen, als die Männer.

Insgesamt aber können Frauen und Männer – entsprechende handwerkliche und/oder kaufmännische Fähigkeiten vorausgesetzt – in der Stadt des Mittelalters ihren materiellen Wohlstand am besten in der Ehe(-gemeinschaft) mehren. Einfach deshalb, weil sie die Arbeit untereinander aufteilen und einander zuarbeiten.

Aber die Zeiten ändern sich. Gegen Ende des Spätmittelalters werden Frauen aus den Zünften, sofern sie zu ihnen Zugang hatten, zu weiten Teilen ausgeschlossen. Der Weg zur Universität und damit zur höchstmöglichen Bildung bleibt ihnen ohnehin komplett verwehrt.

Bekannte Frauen
aus dem Mittelalter

Wir sehen: Das Mittelalter ist keine besonders gute Zeit für Frauen. Allerdings stellt sich die Frage, ob es je eine Epoche gegeben hat, die wir aus Sicht einer Frau wirklich als »ideal« im Sinne von »gleichgestellt« bezeichnen können. Das Mittelalter war es definitiv nicht.

Und doch treten auch in diesen fast tausend Jahren einzelne Frauen aus dem Schatten hervor. Den Männern gegenüber sind sie zwar deutlich in der Minderheit. Aber auch das unterscheidet die Frauen des Mittelalters nicht von denen, die zeitlich vor oder nach ihnen an der Reihe waren. Und: So wenige sind es bei genauer Betrachtung auch wieder nicht. Genug auf alle Fälle, um für dieses Buch eine Auswahl treffen zu müssen. Denn um alle Frauen zu porträtieren, die in Politik, Geschichte, Literatur, Theologie und weiteren Disziplinen zumindest einmal namentlich erwähnt werden, reicht der Rahmen hier bei Weitem nicht aus. Insofern bietet das vorliegende Buch nur eine kleine Auswahl an weiblichen Biographien.

Beim Lesen der Porträts fällt vor allem der unterschiedliche Textumfang auf. Das hat schlicht mit der Quellenlage zu tun, die naturgemäß stark variiert. Eine Wertung soll darin nicht zum Ausdruck gebracht werden.

Bei der Anordnung dieser Porträts habe ich mich dafür entschieden, thematisch und nicht nach Epochen vorzugehen. Da die drei Teilabschnitte des Mittelalters ja bereits kurz vorgestellt wurden, sollte diese Art der Einteilung hoffentlich keine Schwierigkeiten bereiten.

Frauen in der Politik

Der erste Abschnitt widmet sich im weitesten Sinne Frauen, die in die Politik eingegriffen haben oder als Herrscherinnen anerkannt waren.

Wir beginnen mit den Merowingern. Denn anders als in späteren Jahrhunderten können die Königsfrauen der Merowinger durchaus auf das politische Geschehen Einfluss nehmen. Sie haben einen eigenen Hofstaat und eigene Beamte, die ihn verwalten. Sie dürfen Besitz haben (Landgüter, Grundbesitz, Schätze), dürfen Urkunden unterzeichnen und als Witwen bis zur Volljährigkeit ihrer Söhne an deren Stelle die Regentschaft übernehmen.

Brunichild und Fredegunde

Oder: der Streit der Frauen. Nein, nicht der berühmte vor dem Münster in Worms aus dem »Nibelungenlied«. Aber das Morden beziehungsweise das Morden-lassen dieser beiden merowingischen Königinnen kann es durchaus mit der fiktionalen Erzählung über Kriemhild und Brunhild aufnehmen. Einige Wissenschaftler vermuten sogar, dass neben anderen historischen Ereignissen auch dieser reale Zwist in das Epos miteingeflossen ist.

Hauptakteurinnen sind zwei Königinnen aus dem 6. und frühen 7. Jahrhundert, die sich auf den Tod hassen, deren Lebenswege allerdings so eng miteinander verwoben sind, dass ihre Geschichten deshalb in einem Kapitel behandelt werden. Die Rede ist von Brunichild und Fredegunde.

Ort der Handlung ist das Frankenreich, dessen Gebiet zwar nicht zur Gänze, aber doch in großen Teilen mit dem heutigen Frankreich identisch ist. Um die Geschichte zu verstehen, müssen wir aber etwas weiter zurückgreifen:

DIE VORGESCHICHTE – HOCHZEITEN

Üblicherweise wird beim Tod eines fränkischen Königs dessen Reich unter seinen Söhnen aufgeteilt, allerdings keineswegs zu gleich großen Teilstücken. Wer wie viel bekommt, ist

Familienzweige von Brunichild und Fredegunde

In das Geschehen um Fredegunde und Brunichild sind derart viele Personen involviert, zudem mit teils recht ähnlich klingenden Namen, dass ein Personenverzeichnis nicht schaden kann:

FAMILIENZWEIG FREDEGUNDE

Fredegunde: Geburtsdatum unbekannt, gest. 597. Zuerst Konkubine, etwa ab 570 Ehefrau des merowingischen Königs Chilperich I. (dem Bruder Sigiberts I.), Mutter des Thronfolgers Chlothar II.

Audovera: 535–580; die erste Frau König Chilperichs; Mutter u. a. von Merowech und Chlodowech; die spätere Königin Fredegunde stammt aus ihrem Gesinde.
Galswintha: ca. 550–567/68; Schwester der Brunichild und erste Frau Chilperichs I., der sie ermorden ließ

Chilperich I.: 535–584; Sohn König Chlothars I. und der Arnegunde; in erster Ehe verheiratet mit Audovera, in zweiter mit Galswintha und in dritter mit Fredegunde; König von Neustrien (heute Soissons) im Norden des heutigen Frankreichs; Bruder König Sigiberts I.

Chlothar II.: 584–629/630; Sohn König Chilperichs I. und der Fredegunde; Neffe Guntrams I.; seit dem Tod seines Großvaters Chlothars I. der erste König des gesamten Frankenreichs

Merowech II.: 550–577; Sohn Chilperichs und der Audovera; 2. Ehemann Fredegundes; er stirbt 577 durch Suizid.

Fortsetzung auf der nächsten Seite »

Familienzweige von Brunichild und Fredegunde (Fortsetzung)

FAMILIENZWEIG BRUNICHILD

Brunichilde: ca. 545/550–613; ab 613 Ehefrau Sigiberts I. (dem Bruder Chilperichs I.); nach dessen Tod ab 575 kurze Ehe mit Merowech; Mutter u. a. Childeberts II.; ab 592 in Austrasien und Burgund Regentin in Vertretung ihrer Enkel Theudebert II. und Theuderich II.; Urgroßmutter Sigiberts II.

Sigibert I.: ca. 535–575; Ehemann der Brunichild; Halbbruder König Chilperichs I.; König von Austrasien; Vater u. a. des späteren Königs Childebert II.

Childebert II.: 570–596; Sohn des Königs Sigibert und dessen Frau Brunichild; (vermutlich) zweimal verheiratet, in zweiter Ehe mit Faileuba (Herkunft unbekannt); Kinder: Theudebert II., Theuderich II, und Theodila.

Theuderich II.: 587–613; Sohn König Childeberts II. und der Faileuba; 4 Kinder, darunter Sigibert II. (602–613)

Eine Art neutrale Position hat der dritte der Brüder, der König von Burgund inne, Gunthram I. (530–592).

vielmehr eine Frage der militärischen und der finanziellen Möglichkeiten der einzelnen Erben. Diese Ungleichbehandlung zieht nicht unbedingt brüderlichen Frieden nach sich.

So ist auch die Geschichte der vier Söhne König Chlothars I. eine, in der es keineswegs zimperlich zugeht. Und die Königinnen Fredegunde und Brunichild mischen in den Territorialstreitigkeiten federführend mit.

Aber alles der Reihe nach: Als König Chlothar I. im Jahr 561 mit 66 Jahren und damit für seine Zeit in einem recht hohen Alter stirbt, hinterlässt er vier Söhne: Charibert I, Gunthram I., Sigibert I. und aus einer weiteren Ehe (Chlothar lebte in Polygamie, in seiner Zeit nichts Ungewöhnliches) Chilperich I. Die vier Brüder teilen das Reich untereinander auf, wobei Chilperich den kleinsten Teil bekommt. Aber bereits sechs Jahre später, im Jahr 567, stirbt Charibert, ohne einen Erben zu hinterlassen. Sein Teilgebiet fällt an die drei verbleibenden Brüder. Das fränkische Reich gliedert sich nun wie folgt:

- Im östlichen Teil, der in dieser Zeit den Namen **Austrasien** trägt (Hauptstadt: Reims, später Metz), herrscht Sigibert.
- **Burgund** fällt an Gunthram.
- Und im nordwestlichen **Neustrien** (zwischen Loire und Schelde) regiert Chilperich.

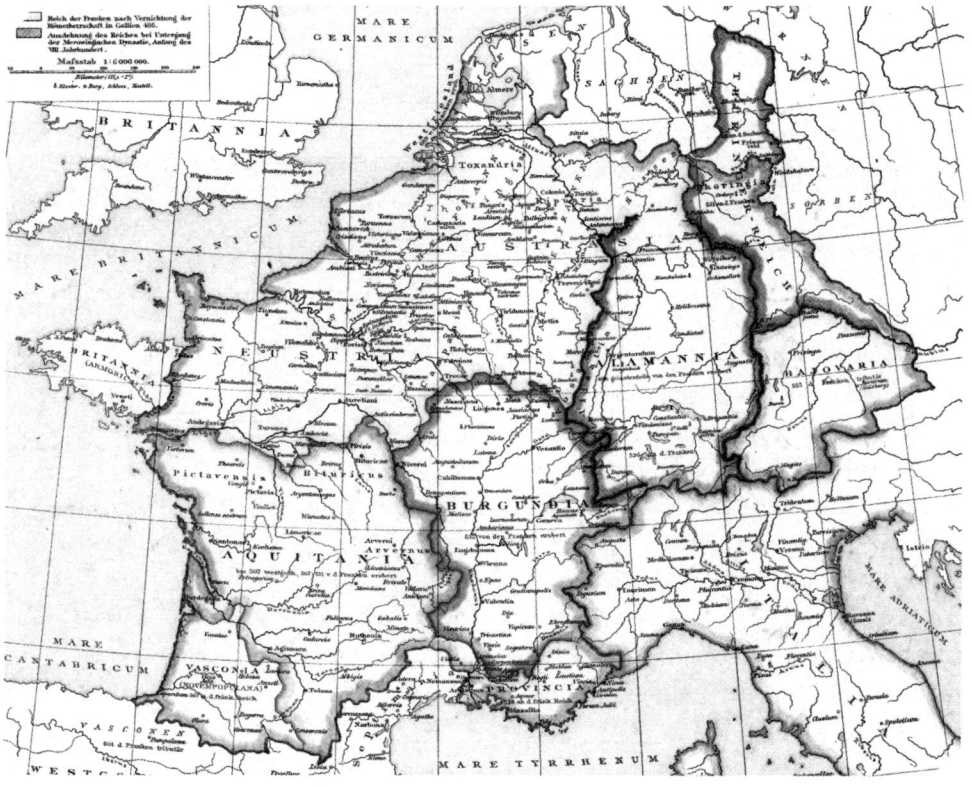

Das Reich der Merowinger

Die Hauptstadt, schon damals Paris, kommt unter eine gemeinsame Herrschaft aller drei Könige. Aber die neue Regelung ist schwierig, nicht jeder der Brüder ist damit einverstanden. Was aus dieser Uneinigkeit folgt, ist – Krieg, genaugenommen der »merowingische Bruderkrieg«.

Inzwischen haben auch die Frauen die Arena betreten: König Sigibert heiratet 566 die westgotische Prinzessin Brunichild. Glaubt man den Aussagen des Geschichtsschreibers Gregor von Tours (538–594), dann ist sie nicht nur reich, sondern darüber hinaus auch schön und hochgebildet.

Als sein (Halb-)Bruder Chilperich davon erfährt, hält er so eine Eheschließung unter Adeligen für einen ziemlich guten Schachzug und wirbt nun seinerseits um Brunichilds Schwester Galswintha. Die beiden heiraten 567. Allerdings gibt es eine so wohlhabende Ehefrau nicht ohne Gegenleistung: Chilperich muss ihrem Vater, König Athanagild, versprechen, dafür seine anderen Frauen und Konkubinen zu verlassen. Zunächst stellt das kein Problem dar für Chilperich. Galswintha wird, wie es Gregor von Tours ausdrückt, »von ihm mit großer Liebe verehrt. Sie hat[te] nämlich große Schätze mitgebracht.«[1]

Aber auf die Dauer garantiert auch Reichtum keine Treue. Chilperich wendet sich wieder seiner einstigen Geliebten Fredegunde zu, einer Magd aus dem Hofstaat seiner ersten Frau Audovera, die ihrerseits in ein Kloster verbannt wird. Die gedemütigte Galswintha bittet ihn, sie zu ihrem Vater zurückgehen zu lassen, die Schätze könne er behalten. Davon will Chilperich aber nichts wissen. Ungefähr drei Jahre nach der Hochzeit, im Jahr 570, findet Chil-

Galswintha wird erdrosselt. Miniatur aus dem 14. Jahrhundert

---

1   Gregor von Tours: Sciptores rerum Merovingicarum. Zitiert nach Ennen. S. 49

perich seine königliche Frau in ihrem Bett erdrosselt – der Täter ist schnell gefasst, es ist einer seiner Dienstleute. Unklar ist dagegen bis heute, ob Chilperich selber den Mord in Auftrag gegeben hat oder ob seine Geliebte dahintersteckt. Wie auch immer, der Auftragsmord nützt Fredegunde. Denn für die ist nun die Bahn frei. Wenige Tage nach Galswinthas Tod wird die eben noch unfreie Magd die neue Königin. Zum Glück für Fredegunde stirbt ungefähr zu dieser Zeit auch Galswinthas Vater, so dass zumindest von dieser Seite keine Rache mehr zu befürchten ist.

BRUDERSTREIT UND AUFTRAGSMORDE

Aber es gibt ja noch Galswinthas jüngere Schwester Brunichild, die Frau von Chilperichs Bruder Sigibert. Und die macht nun Ansprüche auf das Erbe ihrer Schwester geltend. Der lang schon schwelende Territorialstreit der Brüder nimmt damit Fahrt auf. Zunächst kann Fredegundes Mann Chilperich einige Erfolge erzielen. Dann aber wendet sich das Blatt zu Sigiberts Gunsten.

Etliche Anhänger Chilperichs laufen zu seinem Bruder über. Der lässt sich im November oder Dezember des Jahres 575 gerade in Vitry-en-Artois von seinen Getreuen auf einen Schild heben und damit zum König ernennen, als ein vergiftetes Messer, ein sogenannte Scramasax, Mann samt Karriere ein jähes Ende setzen. Keine andere als Schwägerin Fredegunde hatte Sigiberts Mörder gedungen. Sie rettet damit sich und ihrem Mann Chilperich die Herrschaft.

Zur Zeit dieses Mordes hält sich Brunichild gerade mit ihren Kindern in Paris auf. Ein Vertrauter Brunichilds und Gegner Chilperichs rettet Sigiberts und Brunichilds gerade fünfjährigen Sohn Childebert II. aus Paris und bringt ihn in Sicherheit. Bruni-

Saxe. Mit einer Waffe dieser Art wird Sigibert getötet.

child selber gerät zunächst in die Gefangenschaft ihres Schwagers Chilperich, kann sich aber bereits zwei Jahre später, 577, in das Herrschaftsgebiet ihres noch minderjährigen Sohnes retten. Allerdings übernimmt nicht sie selbst anstelle ihres Kindes die Regentschaft, die liegt in den Händen des Majordomus und eines weiteren Vertrauten Brunichilds.

Damit ist aber noch nicht alles wieder so, wie es sein sollte. Zumindest nicht für alle.

Denn es gibt noch Merowech (II.), einen Sohn Chilperichs aus dessen Ehe mit seiner ersten Frau Audovera. Der fürchtet um seinen Erbteil, schließlich bringt Fredegunde, die neue Frau seines Vaters, ihrerseits auch Kinder zur Welt. Aber nun ist gerade Merowechs Tante, die Witwe Brunichild, wieder auf dem Heiratsmarkt verfügbar. Was liegt da näher, als sie zu heiraten? So geschehen im Jahr 576. Auch Brunichild wird sich ihren persönlichen Nutzen von dieser Ehe versprechen, in erster Linie dürfte sie darauf hoffen, mit dem neuen Ehemann einen Verbündeten gegen die verhasste Fredegunde zu gewinnen. Liebe ist mit großer Sicherheit nicht im Spiel. Nur ist Papa Chilperich mit dieser insgesamt doch recht skandalösen Verbindung alles andere als einverstanden. Er trennt das frisch verheiratete Paar, stellt Merowech zunächst unter Bewachung und lässt ihn dann zum Priester weihen. Aber Merowech kann entkommen, er flieht nach Austrasien zu Ehefrau Brunichild und ihrem Sohn, wo er sich aber weder als König noch als Regent anstelle seines Stiefsohns Childebert behaupten kann. Merowech flüchtet und lässt sich, als er immer mehr in Bedrängnis gerät, im Jahr 577 von seinem Vertrauten Gailen mit dem Schwert töten, um nicht der Rache seines Vaters ausgeliefert zu werden.

Es geht das Gerücht, dass es sich nicht um einen Suizid handelt, sondern dass auch Merowech der Mordlust seiner Ziehmutter Fredegunde zum Opfer fällt, sicher ist das aber nicht. Was man dagegen sicher weiß, ist, dass Fredegunde seinen Vertrauten Gailen foltern lässt.

Im selben Jahr adoptiert Gunthram, der dritte der Brüder, Brunichilds und Chilperichs Sohn Childebert. Er ist selber kinderlos und fürchtet, sein Tod könne das Ende der Merowingerherrschaft in seinem Territorium bedeuten. Mit seinem Neffen Childebert sorgt er durch die Adoption für einen Erben und Nachfolger.

Bleibt nach Merowechs Tod noch ein letzter Sohn aus der Ehe Chilperichs mit Audovera: Chlodovech. Er ist als Heerführer für seinen Vater Chilperich tätig, nun aber möchte er darüber hinaus dessen Alleinerbe werden. Was Stiefmutter Fredegunde natürlich nicht passt. Sie bearbeitet ihren Mann so lange, bis er schließlich im Jahr 580 Chlodowech festnehmen lässt und ihn ihr übergibt. Danach hat sie nichts Eiligeres zu tun, als (auch) diesen potenziellen Erben ermorden zu lassen. Und wo sie gerade einmal dabei ist, ordnet sie nun auch noch die Ermordung der ersten Ehefrau Audovera an und schickt deren Tochter in ein Kloster. Der Besitz der beiden Frauen geht an sie, die Königin.

Aktuell bringt es Fredegunde übrigens wenig, mögliche Erben aus dem Weg zu räumen. Denn ihre drei eigenen Söhne sind bereits als Kinder gestorben. Aber dieser Mangel an männlichen Erben lässt sich ja mit etwas Glück wieder beheben. Und tatsächlich bringt sie zwei Jahre später einen vierten Sohn zur Welt. Zwar stirbt auch er 584 im Alter von zwei

Jahren. Doch im selben Jahr wird schließlich ein fünfter Sohn geboren. Dieses Kind, Chlothar II., wird das Erwachsenenalter erreichen.

Er muss das Erbe seines Vaters ziemlich schnell antreten, genaugenommen bereits mit drei Monaten. Denn da wird Chilperich ermordet. Wer genau hinter dieser Tat steckt, ist unklar. Auf Schwägerin Brunichild fällt genauso der Verdacht wie auf Ehefrau Fredegunde selber, bestätigen lässt sich historisch keine der beiden Annahmen.

Natürlich nur stilisiert und nicht naturgetreu: Fredegunde

An diesem Punkt scheint es angebracht, noch einmal die aktuelle politische Lage zu rekapitulieren, zu viele sind inzwischen ermordet, geboren oder auch adoptiert worden:

- In Austrasien regiert mit Brunichilds Sohn Childebert ein Kind (beziehungsweise dessen Stellvertreter).
- In Neustrien herrscht – zumindest theoretisch – Fredegundes drei Monate alter Sohn Chlothar.
- Burgund ist nach wie vor in den Händen Gunthrams, dem einzigen noch lebenden der drei Brüder. (Zur Erinnerung: Ursprünglich waren es einmal vier Brüder.)

Und in dieser verworrenen Situation fordert das Kind Childebert (der Sohn Brunichilds) die Auslieferung seiner Tante, der – so wird zumindest allseits angenommen – vielfachen Mörderin Fredegunde. Unter anderem macht er sie für den Tod seines Vaters Sigibert verantwortlich.

ERBANSPRÜCHE UND FREDEGUNDES TOD

Fredegunde bleibt nichts anderes übrig, als sich unter den Schutz Gunthrams zu stellen, wie zuvor schon ihre Schwägerin Brunichild. Sie wird auf einen Hof nahe der Stadt Rouen verwiesen, zur Gesellschaft erhält sie einen abgesetzten Bischof, der Säugling Chlothar wird ihr entzogen. Hinzu kommt, dass man sie des Ehebruchs beschuldigt und damit die Rechtmäßigkeit von Chlothars Erbansprüchen in Frage stellt. Drei Bischöfe und dreihundert vornehme Männer versammelt Fredegunde als Eideshelfer um sich, sie alle bezeugen, dass Chlothar Chilperichs leiblicher Sohn ist. Und erst jetzt, nachdem das geklärt ist, kann Fredegunde bis zu ihrem Tod die Regierung für ihren Sohn übernehmen. Sie stirbt im Jahr 597, vermutlich ist sie zu diesem Zeitpunkt 50 Jahre alt.

Fredegunde ist eine Frau, die auf den politischen Mord als bevorzugtes Mittel im Kampf um Macht und Einfluss setzt. Allerdings müssen wir bei allem, was wir heute über sie wissen, immer berücksichtigen, dass uns das meiste aus den Aufzeichnungen Gregors von Tours überliefert ist. Zwar dürfte der Großteil seiner Schilderungen der Wahrheit entsprechen. Es ist aber unübersehbar, dass Gregor die ehemals unfreie Magd Fredegunde in diesem Spiel um Macht und Einfluss zur Antagonistin der von ihm viel höher geschätzten Königstochter Brunichild macht.

Der Höhepunkt des Mutter-Tochter-Konflikts, historisierender Stahlstich aus dem Jahr 1887

MUTTER-TOCHTER-GEZETER

Übrigens macht Fredegundes Mordlust auch vor ihrer eigenen Tochter Rigunth (um 570 – nach 585) nicht Halt: Die war eigentlich für eine arrangierte Ehe vorgesehen, dieses geplante Ehebündnis scheiterte jedoch am Tod ihres Vaters Chilperich. Rigunth lebt von nun an wieder im Haushalt ihrer Mutter. Aber sie selber ist die Tochter eines Königs, ihre Mutter der Herkunft nach ursprünglich eine unfreie Magd. Rigunth fordert deshalb, von ihrer Mutter bedient zu werden, und benimmt sich offenbar auch darüber hinaus reichlich aufsässig bis hin zu Handgreiflichkeiten. Fredegunde ihrerseits nimmt Anstoß am verlotterten Lebenswandel ihrer Tochter. Worin der genau besteht, ist zwar nicht überliefert. Aber irgendwann in den 580er-Jahren reicht es Fredegunde: Sie bittet Rigunth in die Schatzkammer, öffnet eine Truhe und fordert sie auf, sich dort auszusuchen, was ihr gefalle. In dem Moment, als sich Rigunth nach unten über die Truhe beugt, klappt ihre Mutter den Deckel zu. Würde alles nach Plan laufen, dann müsste Rigunth jetzt ersticken. Schluss mit dem Ärger. Aber es läuft nicht wie geplant, zumindest nicht für Fredegunde. Denn Rigunth wird von Dienern gerettet. Die Auseinandersetzungen dürften danach vermutlich an Schärfe nicht gerade abgenommen haben. Genaueres weiß man allerdings nicht, denn mehr ist uns aus Rigunths Leben nicht überliefert.

Fredegunde wird zur Opern- und Romanfigur

Die intrigante Magd, die zur Königin aufsteigt – das ist ein Stoff, wie ihn Opernlibrettisten und Romanciers lieben:

In der Barockoper »Fredegunda« von Reinhard Keiser (Uraufführung: 1715 in Hamburg) wird sie nicht nur zur bösen Intrigantin, sie kapituliert auch am Ende vor der Liebe zwischen Galswintha und Chilperich und nimmt sich das Leben.

Viel mehr Erfolg hat sie dagegen in der 1895 in Paris uraufgeführten Oper »Frédégonde« von Ernest Guiraud und Camille Saint-Saëns.

Ihren Weg in die Literatur hat sie unter anderem im Jahr 1886 in dem Roman »Fredegundis« von Felix Dahn gefunden.

Ein weiteres Mal zur Romanfigur wird sie im Jahr 1921 im Roman »Fredegund« des Österreichers Emil Lucka.

Und aus neuerer Zeit stammt das Schauspiel »Fredegunde« von Peter Hacks, das im Jahr 1989 in Braunschweig uraufgeführt wurde.

BRUNICHILD: AUF DEM HÖHEPUNKT DER MACHT

Wir kehren wieder zurück zu Brunichild: Die gewinnt nach dem Tod ihres Schwagers Chilperich im Jahr 584 an Einfluss auf ihren gerade mündig gewordenen eigenen Sohn Childebert. Sie arrangiert eine Ehe mit Faileuba, einer Frau, über die wir aus den historischen Quellen gar nichts wissen. Dieser Ehe entstammen die beiden Söhne Theudebert II. und Theuderich II.

587 schließen Brunichild und ihr Sohn Childebert mit Gunthram den sogenannten Vertrag von Andelot. Darin werden die Beziehungen zwischen den beiden merowingischen Teilreichen Austrasien und Burgund geregelt, außerdem setzen sich die beiden Männer gegenseitig als Erben ein für den Fall, dass einer von beiden stirbt, ohne (noch lebende) Söhne zu hinterlassen. Außerdem sichert dieser Vertrag Brunichild Sühne für die Ermordung ihrer Schwester Galswintha zu. Zur Erinnerung: Chilperich (oder Fredegunde) hatten sie ermorden lassen, da sie ihrer beider Verbindung im Weg stand.

Im Jahr 592 stirbt Gunthram, Childebert führt die beiden Teilreiche (Austrasien und Burgund) zusammen.

Und nun geschieht etwas, das zwar für das unmittelbare Leben Brunichilds keine Bedeutung hat, wohl aber für die Informationen, die uns von nun an zu ihr überliefert werden: Der Geschichtsschreiber Gregor von Tours stirbt im Jahr 594, und damit jener Mann, der ihr höchst wohlgesinnt ist. Was wir von nun an über Brunichild erfahren, stammt aus der Chronik eines gewissen Fredegar, zu dem uns keine Lebensdaten überliefert sind. Man geht davon aus, dass er der Autor der im 7. Jahrhundert verfassten Fredegar-Chronik ist. Bisweilen findet man auch die Vermutung, dass diese Chronik aus der Feder von zwei, eventuell sogar von drei Autoren stammt. Aber wer auch immer sich hinter dem Namen »Fredegar« verbirgt, ist Brunichild bei Weitem nicht mehr so gewogen, wie es Gregor von Tours war. Die Berichterstattung über die Königin nimmt nun einen anderen Ton an.

Vier Jahre nach Gunthram stirbt auch Brunichilds Sohn Childebert im Alter von 26 Jahren. Das eben erst zusammengeführte Reich wird wieder geteilt: Childeberts 10jähriger Sohn Theudebert erhält Austrasien mit der Residenz in Metz, der ein Jahr jüngere Theuderich Burgund mit der Hauptstadt Chalon. Für beide übernimmt Brunichild die Regentschaft, sie gilt als die eigentliche Herrscherin beider Gebiete. Gemeinsam gehen die drei, Brunichild und die von ihr gelenkten Enkelsöhne, gegen Fredegunde und ihren 13jährigen

Sohn Chlothar vor. Der alte Hass gegen die Frau, der sie den Mord an ihrer Schwester anlastet, flammt damit erneut auf.

597 stirbt Fredegunde. Brunichild dagegen ist um das Jahr 600/602 am Hof von Burgund eine einflussreiche Herrscherin. Sie lässt einen wichtigen Militär töten, um dessen Besitz dem Staatsschatz zu übereignen. Weil ihr Bischof Desiderius von Vienne bei der Ausübung ihrer Herrschaft hinderlich wird, lässt sie ihn 602 auf der Synode von Châlons-sur-Marne absetzen und bald danach steinigen. Und so geht das immer weiter: Als Theuderich um die westgotische Prinzessin Ermenberga wirbt und diese als Braut zu ihm reist, passt das Brunichild ganz und gar nicht. Eine legitime Königin anstelle unbedeutender Konkubinen an der Seite ihres Enkels könnte ihrem eigenen Einfluss schaden. Sie rät Theuderich dazu, die Braut in spe wieder zu verstoßen. Was der auch brav macht. So zumindest behauptet es Jonas von Bobbio, der Hagiograph des irischen Wandermönches Columban (540–615), der sich zu dieser Zeit am Hof von Burgund aufhält. Allerdings zählt Columban nicht zu Brunichilds besten Freunden. Er hatte sich bisher hartnäckig geweigert, die Kinder aus den Beziehungen des jungen Königs Theuderich mit seinen Konkubinen zu segnen, sie seien »im Bordell« gezeugt. Brunichild hält sich nicht lange mit Überzeugungsarbeit in Sachen Segnung auf, sie verbannt Abt Columban kurzerhand. Was – logischerweise – Jonas von Bobbio gar nicht gutheißt.

BRUNICHILDS TOD

Um das Jahr 602 kommt es zu einem Zerwürfnis der beiden Enkelsöhne. Theudebert schließt sich näher mit Chlothar zusammen, dem Sohn der inzwischen verstorbenen Fredegunde. Nachvollziehbar, dass sich Brunichild auf die Seite des jüngeren Theuderich schlägt. Bis zum Jahr 612 spitzt sich der Krieg zwischen den beiden Söhnen Childeberts weiter zu. Theuderich besiegt den Bruder, lässt ihn und seine Söhne töten, verleibt sich auf diese Weise Austrasien ein und rüstet dann zum Krieg gegen Chlothar.

Gut für Letzteren, dass Theuderich bereits ein Jahr später, 613, stirbt, er ist zu diesem Zeitpunkt gerade 25 Jahre alt. Und ausgesprochen schlecht für Brunichild, die sich ja auf dessen Seite gestellt hatte. Noch einmal versucht sie es mit einem politischen Schachzug: Sie lässt Theuderichs ältesten Sohn, den 12jährigen Sigibert II. (noch ein Sigibert, auch ihr Ehemann trug bereits diesen Namen), zum König erklären. Aber dieses Mal stellen sich große

Teile sowohl der austrasischen als auch der burgundischen Elite gegen sie. In Austrasien gibt es sogar nicht wenige Familien, die mittlerweile eher Chlothar zugeneigt sind und ihn drängen, Austrasien einzunehmen. Brunichild kann zwar noch ein vorwiegend burgundisches Heer aufstellen. Das löst sich aber kurz vor dem Kampf gegen Chlothar ganz einfach auf. Und Chlothar wird kampflos der neue Herrscher über das gesamte Frankenreich.

Er lässt Brunichilds Urenkel Sigibert und dessen Bruder töten, die Königswitwe selber macht er für sämtliche Zerwürfnisse und Kriege der vergangenen 38 Jahre unter den Merowingern verantwortlich. Gegen das, was nun folgt, ist die Bestrafung sämtlicher bösen Hexen in den Märchen der Brüdern Grimm das reinste Wellness-Programm: Chlothar veranlasst, dass Brunichild drei Tage lang gefoltert wird, dann muss sie auf einem Kamel reiten und sich so dem Heer präsentieren. Und anschließend wird sie mit ihrem Haar, einem Fuß und einem Arm an den Schweif eines wilden Pferdes gebunden. Das galoppiert los und schleift sie nicht nur zu Tode, ihr Körper wird auch in Stücke gerissen. So stirbt diese ebenso große Politikerin wie Intrigantin im Jahr 613 einen recht schmachvollen Tod. Ihr Leichnam wird, wie es ihr Wunsch war, in der Marienkrypta des heute nicht mehr erhaltenen Martinsklosters von Autun begraben.

Tod einer Königin. Zeichnung von Jean-Baptiste Cariven - Musée des Beaux-Arts de Gaillac

Brunichild und Fredegunde sind ohne Zweifel starke Frauen. Dennoch muss man festhalten, dass sie ihren politischen Einfluss nicht als Ehefrauen eines lebenden Regenten ausüben können. Erst die Witwenschaft ermöglicht es beiden, ihr (oft genug auch zweifelhaftes) Potential zu entfalten.

Bertrada

Den folgenden Satz liest man gar nicht gerne in Frauenbiographien. Trotzdem geht's dieses Mal nicht ohne: Bertrada ist die Mutter eines berühmten Mannes. Eines Mannes, der sogar Eingang in die Sagenwelt gefunden hat. Die Rede ist von Kaiser Karl dem Großen. Glücklicherweise manövriert sie aber nicht nur diese Mutterschaft in die Geschichtsbücher, denn Betrada hat sich auch selbst in die Politik eingemischt.

Aber beginnen wir mit dem Anfang: Geboren wird sie um das Jahr 725 in Austrien, also im östlichen Teil des Frankenreichs, das auch als »Wiege der Karolinger« gilt. Ihr besonderer Vorteil als Heiratskandidatin: Bertrada ist Einzelkind und damit Alleinerbin eines beträchtlichen Vermögens. Hierzu gehört unter anderem das Kloster Prüm, das in der westlichen Eifel liegt. Die Stiftung dieses Klosters geht auf ihre Urgroßmutter, Bertrada die Ältere, zurück. Die Urenkelin (Betrada die Jüngere) gründet diese Anlage später gemeinsam mit ihrem Mann neu und überlässt sie den Mönchen des Benediktinerordens. Damit wird Prüm zum Hauskloster der Karolinger.

Die heutige Basilika in Prüm

Wertvoll ist dieses Kloster aber vor allem wegen seiner immensen Besitztümer, die vom Rhein bis in die Bretagne und in die Niederlande reichen. Hunderte Orte sind im Güterverzeichnis, dem Prümer Urbar, urkundlich erwähnt. Und genau so etwas braucht die noch junge Dynastie der Karolinger. Ursprünglich waren sie Hausmeier der Merowinger. Ein Hausmeier oder auch Majordomus ist Vorstand der königlichen Hofhaltung. In Fall der

Karolinger bedeutet es aber, dass die Hausmeier gegen Ende der Merowingerherrschaft die eigentlichen Herren im Reich sind. Die Könige der Merowinger selber gelten mehr oder weniger nur noch als Schattenherrscher. Diese aus dem Amt des Majordomus aufsteigende Familie ist auf ein gutes verwandtschaftliches Netzwerk angewiesen. Und auf Reichtum, der von außen kommt.

Im Oktober des Jahres 741 stirbt der fränkische Hausmeier Karl Martell (geb. zwischen 688 und 691). Schon in seiner Amtszeit setzen sich die Karolinger de facto als königsgleiche Herrscher im Merowingerreich durch. Der erste Sohn, Karlmann (vor 714–754), erhielt Austrien, Alemannien und Thüringen, Pippin (der Jüngere, 714–768) Neustrien, Burgund und die Provence. Im letzten Moment ändert Karl Martell dieses Testament noch einmal und bedenkt nun auch Grifo (726–753), seinen jüngsten Sohn aus einer zweiten Ehe, mit einem Teil des Frankenreichs. Nach Karl Martells Tod sorgen die beiden Brüder Karlmann und Pippin allerdings schnell dafür, dass Grifo von seinem Erbe nichts hat. Sie erklären ihn zum illegitimen Kind Karl Martells und entsorgen ihn samt seiner Mutter in unterschiedlichen Klöstern. Damit sind die Territorialstreitigkeiten zwar immer noch alles andere als geklärt, aber zumindest mischt ein Bruder weniger mit.

Was Pippin nun noch fehlt, ist eine Frau aus angesehener Familie, die ein entsprechendes Vermögen in die Ehe mitbringt. Die Wahl fällt auf Bertrada. Irgendwann zwischen den Jahren 741 und 744 wird die Ehe geschlossen, die junge Braut ist damals erst 13 Jahre und vermutlich erst halb so alt wie ihr Mann.

Im Jahr 747 zieht sich Pippins Bruder Karlmann überraschend ins Kloster zurück, ungeklärt ist bis heute, ob dieser Entschluss freiwillig ist oder ob Pippin seinen Bruder dazu nötigt. Karlmanns Ländereien gehen auf diese Weise zumindest in Pippins Besitz über, die Kinder Karlmanns bootet Pippin geschickt aus, so dass er nun Alleinherrscher des ge-

Bertrada, Zeichnung aus dem 19. Jahrhundert

samten Frankenreichs ist. Bertrada ist zu dieser Zeit bereits schwanger, und zwar mit dem späteren Kaiser Karl (dem Großen, ca. 747–814). Was Pippin jetzt noch fehlt, ist der Königstitel. Und den verleiht dem bisherigen Hausmeier im Jahr 751 Papst Zacharias († 752), mit der Begründung, es sei besser, denjenigen als König zu bezeichnen, der ohnehin die Macht habe. Der Merowingerkönig Childerich III., der zumindest nominell bis dahin König war, wird abgesetzt und zusammen mit seinem Sohn in das Kloster Prüm verwiesen. Damit endet die Herrschaft der Merowinger und die der Karolinger beginnt. Pippin ist nun König, Bertrada Königin.

Sechs Kinder bekommen die beiden, von denen allerdings drei bereits im Kindesalter sterben. Der älteste Sohn ist der spätere Kaiser Karl der Große. Das Erwachsenenalter erleben außerdem Karlmann I. (751–771) und die Tochter Gisela (757–810), sie wird später Äbtissin im Kloster Notre-Dame des Chelles.

768 stirbt Pippin, und eigentlich ist vorgesehen, dass Bertrada ab jetzt das Leben einer »Gott geweihten Witwe« führt, ähnlich einer Nonne und im stetigen Gebet für das Seelenheil ihres Gatten. Tut sie aber nicht. Königsmutter kann sie allerdings auch nicht sein, denn ihr Sohn Karl ist bereits über 20 und selbst schon verheiratet. Bleibt noch die Rolle der Königswitwe, allerdings nicht die der betenden, sondern der politisch aktiven. Vermutlich (genau wissen wir es heute nicht mehr) erscheint ihr das notwendig, denn ihre beiden Söhne Karl und Karlmann liegen miteinander im Streit, ihr Vater hatte testamentarisch verfügt, dass das Frankenreich unter ihnen aufgeteilt werden sollte. Aber Bertrada vermittelt nicht unter den beiden Brüdern, sondern sie vermittelt stattdessen eine langobardische Prinzessin als Ehefrau. Damit wendet sie sich von der anti-langobardischen Politik ihres Mannes ab. 770 begibt sie sich auf eine längere Reise: Ziel Nummer eins ist der Hof ihres Sohnes Karlmann in Selz, von hier aus reist sie weiter zu Herzog Tassilo III. von Bayern (um 741–796), einem Cousin ihrer Kinder, und verbündet sich mit ihm. Weiter geht es an den langobardischen Hof nach Pavia, wo sie eine Ehe zwischen der (namentlich nicht bekannten) Tochter des Langobardenkönigs Desiderius († 786) und ihrem Sohn Karl einfädelt. Den Abschluss ihrer Reise bildet ein Besuch beim Papst in Rom, vermutlich, um an den Gräbern der Apostel zu beten. Ihre künftige langobardische Schwiegertochter bringt sie Karl auf der Rückreise gleich mit, seine bisherige Ehefrau Himiltrud wird kurzerhand ins Kloster von Nivelles verfrachtet. Unklar ist aber bis heute, ob Himiltrud wirklich mit Karl verheiratet oder ob sie eine seiner Konkubinen ist.

Ein Mann in einem Frauenbuch?
Ja, wenn es Karl der Große ist.
Hier: die Karlsbüste, entstanden
nach 1349, Aachener Domschatz-
kammer.

Aber auch der namenlosen langobardischen Prinzessin ist kein langer Verbleib an der Seite Karls beschieden. Er mag sie anscheinend nicht und verstößt sie im Jahr 771. Möglicherweise ist dies gleichzeitig auch ein Akt der Emanzipation von seiner Mutter Bertrada. Auf alle Fälle aber ist es eine ideale Methode, um das von Mama so sorgfältig eingefädelte Bündnis mit den Langobarden gleich wieder zu ruinieren. Passend dazu übergeht er auch die Erbansprüche seiner beiden Neffen, als Bruder Karlmann Ende 771 im Alter von 20 Jahren stirbt. Karlmanns Witwe flüchtet mit ihren Kindern – an den Hof des Langobardenkönigs Desiderius, der daraufhin zum Sammelpunkt der Opposition gegen Karl wird.

Der Vollständigkeit halber: 774 erobert Karl das Langobardenreich und setzt sich die Krone der Langobardenkönige auf. Was aus Karlmanns Witwe und ihren Kindern wird, wissen wir nicht. Zur Alternative stehen Ermordung oder Abschiebung in ein Kloster.

Auch über Bertradas weiteres Leben ist so gut wie nichts mehr überliefert. Man kann sagen, dass Karl sie in dem Moment, als er ihr klarmacht, dass sie sich in sein Leben künftig nicht mehr einzumischen habe, auch aus der Geschichtsschreibung verbannt. Lediglich ihr Todesdatum ist noch überliefert: Sie stirbt am 12. oder 13. Juli 783. Bestattet wird sie schließlich in der Kirche des heiligen Märtyrers Dionysius in der Abtei von Saint-Denis, an der Seite ihres Mannes Pippin.

Nach ihr gibt es keine karolingische Königin mehr, die so selbständig wie Bertrada politisch aktiv wird.

Das Grabmal von König Pippin und seiner Frau
Bertrada in der Basilika von Saint-Denis/Frankreich

Theophanu

In Ermangelung einer authentischen mittelalterlichen Abbildung: die Skulptur der Theophanu vor der Pfarrkirche St. Dionys in Eschwege

Der Name lässt es nicht unbedingt vermuten, aber auch sie ist eine Frau, nämlich die Ehefrau Kaiser Ottos II. (955–983). Das griechische Wort »theophaneia« bedeutet auf Deutsch »Gotteserscheinung«.

Und mit dem Namen dieser Kaiserin dürfte auch ihre Herkunft kein weiteres Rätselraten mehr aufgeben. Theophanu stammt aus dem oströmischen Reich, sie ist die Nichte des byzantinischen Kaisers Johannes I. Tzimiskes (ca. 924–976). Die erste Wahl als Heiratskandidatin ist sie nicht, Otto I. hätte seinen Sohn lieber mit der byzantinischen Prinzessin Anna verheiratet. Aber die steht nicht zur Disposition, stattdessen wird dem Gesandten eben die Nichte mitgeschickt. Zum einen kann man das Angebot im römisch-deutschen Reich nicht gut ablehnen, ohne damit die Beziehungen zu Byzanz zu gefährden. Zum anderen ist Theophanu schön und offensichtlich auch sehr liebenswert.

Über ihre Kindheit und Jugend vor der Hochzeit mit Kaiser Otto II. wissen wir heute so gut wie nichts. Erstaunlicherweise sind nicht einmal in der Heiratsurkunde Angaben zu ihren Eltern notiert. Vermutlich ist sie die Tochter des Feldherrn Konstantin Skleros (um 920 – nach 989) und der Sophia Phokaina. Am 14. April des Jahres 972 wird das damals vermutlich erst zwölfjährige Mädchen mit Kaiser Otto II. verheiratet und bei dieser Gelegenheit von Papst Johannes XIII. zur Kaiserin gekrönt. Etwa in einem Viertel aller Urkunden Kaiser Ottos II. wird Theophanu erwähnt, sie ist also in die Angelegenheiten des Reiches involviert und nimmt Einfluss auf das politische Geschehen.

Das kaiserliche Paar bekommt insgesamt fünf Kinder: Sophia, die spätere Äbtissin von Gandersheim und Essen, Adelheid (sie wird die künftige Äbtissin von Quedlinburg), Mathilde (sie heiratet Pfalzgraf Ezzo) und den späteren Kaiser Otto III. Ein fünftes Kind dürfte bereits sehr früh verstorben sein. Im Jahr 982 begleitet sie ihren Mann auf einen Feldzug gegen die Sarazenen. Das Heer Kaiser Ottos unterliegt nicht nur bei Capo Colonna (Kalabrien), sondern der Kaiser selber stirbt im Dezember des Folgejahres darüber hinaus an den Folgen der Malaria. Theophanu und ihre Schwiegermutter Adelheid werden daraufhin von Italien nach Deutschland gerufen. Sohn Otto III. ist zu dieser Zeit gerade drei Jahre alt und schon zum König gekrönt, Theophanu wird zur »coimperatrix« und übernimmt an seiner Stelle die Herrschaft. Ihr Ziel ist es, Reich und ottonisches Kaisertum für ihren Sohn zu erhalten. Was ihr mit Bravour gelingt. In den Geschichtsbüchern wird ihr »kluge Machtpolitik« bescheinigt. Ohne Helfer und Ratgeber agiert natürlich auch sie nicht. Ihr zur Seite stehen der Erzbischof von Mainz, Willigis, und der Kanzler Hildebald. Die Königsurkunden aus dieser Zeit ergehen natürlich alle im Namen des minderjährigen König Otto III. Dreimal allerdings urkundet Theophanu selber, und zwar auf ihrer Romreise im Spätherbst des Jahres 989. Ein Mal tut sie

Die Kirche St. Pantaleon in Köln, Westfassade

das als weibliche »imperatrix«, die zweite und auch die dritte Urkunde unterzeichnet sie dagegen als »Theophanius gratia divina imperator augustus«, als »Theophanius, durch göttliche Gnade erhabener Kaiser«. Sie vermännlicht also ihren Namen und bezeichnet sich darüber hinaus auch als (männlichen) Kaiser.

Am 15. Juni 991 stirbt sie, gerade Anfang dreißig und auf dem Höhepunkt ihres politischen Wirkens, in Nimwegen, bestattet ist sie in der Abteikirche St. Pantaleon in Köln. Die Regentschaft für Otto III. übernimmt bis zu dessen Volljährigkeit im Jahr 994 ihre Schwiegermutter Adelheid.

Theophanu kommt in das Reich der Ottonen gerade zu einer Zeit, als dort die byzantinische Kunst hoch im Kurs steht. In ihrem Gefolge bringt sie daher Architekten genauso wie Kunsthandwerker mit an den Hof und trägt so zur weiteren Verbreitung der byzantinischen Kultur bei. Und noch etwas verdanken wir ihr: unser Nikolausbrauchtum. Denn auch die Verehrung dieses Heiligen bringt sie aus dem fernen Byzanz mit.

Von drauß' vom Walde ...

Jeder kennt ihn, alle Kinder lieben seinen Gedenktag, den 6. Dezember. Aber woher stammt eigentlich die Tradition des Nikolauses?

Die Figur des netten Mannes, der den Kindern Geschenke vor Fenster oder Türen legt, geht zurück auf den heiligen Nikolaus von Myra, geboren zwischen 270 und 286 in Patara (in der heutigen Türkei) und gestorben am 6. Dezember, zur Auswahl stehen hier die Jahre 326, 345, 351 oder 365. Er ist einer der bekanntesten Heiligen sowohl der Ostkirchen als auch der lateinischen Kirche. Nikolaus war Bischof der Stadt Myra (heute Demre in der Provinz Antalya). Zu seiner Zeit war sie Teil des römischen Reiches, später gehörte sie zum byzantinischen und noch später zum osmanischen Reich. Wie in einer ordentlichen Heiligenvita gar nicht anders möglich, ranken sich diverse Legenden zu Wundertaten um ihn. Als historisch verbürgt gilt die Tatsache, dass er sein ererbtes Vermögen unter Notleidenden verteilte.

Fortsetzung auf der nächsten Seite »

Von drauß' vom Walde ... (Fortsetzung)

Das Füllen eines Schuhs geht übrigens zurück auf die Legende von den drei Jungfrauen: Ein armer Mann hatte drei Töchter, aber da er sie nicht mit einer Mitgift ausstatten und daher auch nicht verheiraten konnte, sollten sie – Prostituierte werden. Keine gute Idee, fand der fromme Nikolaus und warf in drei aufeinanderfolgenden Nächten jeweils einen großen Goldklumpen in das Zimmer der (noch) jungfräulichen Mädchen. Die so ausgestattet das ehrbare Leben als Ehefrauen führen konnten.

Wer aber glaubt, der Nikolaus bringe ALLEN Kindern kleine Geschenke vorbei, der sollte einmal einen echten Krampus aus dem Alpenraum kennenlernen. Das ist an sich eine heidnische Gestalt aus vorchristlicher Zeit. Im vorweihnachtlichen Brauchtum übernimmt der Krampus die Aufgabe des Kinderschrecks, und zwar nach einem ganz simplen Modell: Die Braven bekommen vom Nikolaus Geschenke, die Bösen von seinem unheimlichen Begleiter wahlweise ein paar Hiebe, mindestens aber werden sie mit Kettenrasseln erschreckt. Kleinere oder gar Schokoladenkrampusse werden übrigens auch als »Kramperln« bezeichnet. Am nettesten sind tatsächlich die essbaren.

So freundlich:
Ikone des hl. Nikolaus

So furchteinflößend:
Krampusse aus Innsbruck

Eleonore von Aquitanien

GERÜCHTE …

Sie ist Ehebrecherin, und das gleich mehrfach, ihre Vorfahren hatten einen Pakt mit dem Leibhaftigen geschlossen, was man auch ihr noch sehr gut ansehen kann. Und als sei das noch nicht genug, ist sie auch noch die Mörderin der Mätresse ihres Mannes. Wobei der natürlich jedes Recht der Welt auf die eine oder andere Mätresse hat. Was bei Königinnen untragbar wäre, steht Königen schlicht zu!

Wir sind bei Eleonore von Aquitanien, einer Frau, die über Jahrhunderte hinweg den denkbar schlechtesten Ruf hatte. Vielleicht – so genau lässt sich das heute nicht mehr sagen – weil sie reich, schön UND klug ist. Bis in die Welt der Romane und der Opern hat sie es mit ihrem angeblich so skandalösen Lebenswandel und ihrem abgrundtief schlechten Charakter gebracht. Da stellt sich natürlich die Frage: Was ist dran an all den Gerüchten?

… UND WAHRHEITEN

Vermutlich weit weniger, als die ihr nicht gerade wohlgesinnten Chronisten behaupten. So soll sie beispielsweise mit Gottfried von Anjou (1113–1151), dem Vater ihres zweiten Mannes Heinrich eine Affäre haben, und zwar zu jener Zeit, als Gottfried Seneschall von Frankreich ist. Nur: Dieses Amt hat der Herr nie ausgeübt. Auch mit dem legendären Sultan Saladin (1137–1193) soll sie eine Liebesbeziehung gehabt haben. Erst als sich im 19. Jahrhundert die moderne Geschichtsschreibung zu entwickeln beginnt, wird klar, dass dieser Ehebruch schon rein rechnerisch schwer möglich gewesen sein kann. Denn Eleonore begleitet ihren ersten Mann Ludwig in den Jahren 1147 bis 1149 auf den zweiten Kreuzzug, und nur in dieser Zeit könnte sie sich mit ihrem Sultan auf die unerlaubte Beziehung eingelassen haben. Wenn … Wenn der nicht erst 1137 zur Welt gekommen wäre. Ein Ehebruch mit dem 10jährigen Saladin dürfte denn doch höchst unwahrscheinlich sein.

Und die ermordete Mätresse ihres zweiten Mannes? Richtig ist, dass Rosamund Clifford oder auch »The Fair Rosamund« (die schöne Rosamunde) nur 26 Jahre alt wurde. Richtig ist auch, dass sie eine Zeitlang die Geliebte Heinrichs II. war. Allerdings dürfte sie eher friedlich im Kloster von Godstow (bei Oxford) gestorben sein. Aber dramatische Liebesgeschichten sind einfach so schön. Deshalb entsteht bereits im 14. Jahrhundert die Sage von einem Labyrinth, das König Heinrich in Woodstock erbauen lässt, um seine Geliebte vor dem Zugriff der eifersüchtigen Ehefrau Eleonore zu schützen. Was natürlich nicht viel hilft. Eleonore findet Rosamund und vergiftet sie. Kein Geringerer als der englische Dichter Charles Dickens ist es schließlich, der im 19. Jahrhundert in seiner »Child's History of England« mit diesem Gerücht aufräumt und betont, Rosamund Clifford sei in besagtem Kloster gestorben.

Bleibt noch der Pakt mit dem Satan, den ein Vorfahre Eleonores geschlossen und der sich noch bei ihr in »diabolischen« Zügen gezeigt haben soll. Die Frage nach dessen Wahrheitsgehalt wird wohl für alle Zeit im Dunkeln bleiben.

Leonora, Rosmonda und Enrico

Wer wissen möchte, wie eine vor Eifersucht fast wahnsinnige Leonora (alias Eleonore) die sanfte, unschuldig liebende Rosmonda (Rosamund) im Garten von Schloss Woodstock erdolcht und die Tat dann auch noch ihrem Ehemann König Enrico (Heinrich) in die Schuhe schiebt, dem sei Gaetano Donizettis Oper »Rosmonda d'Inghilterra« empfohlen.

Das Werk wird zwar nur selten aufgeführt, es ist aber als Einspielung auf CD aus dem Jahr 1994 zu hören (musikalische Leitung: David Parry). Und aus dem Jahr 2017 gibt es eine DVD der Inszenierung beim Festival in Bergamo, Dirigent ist hier Sebastiano Rolli.

HERKUNFT UND AUSBILDUNG

Die Gerüchte wären abgearbeitet, damit können wir zu dem übergehen, was uns tatsächlich zu Eleonore von Aquitanien überliefert ist: Geboren wird sie um das Jahr 1124 in Poitiers im Poitou als Aleonòr d'Aquitània (französisch: Aliénor oder Éléonore d'Aquitaine). Sie stammt aus der Dynastie der Herzöge von Aquitanien, die ihrerseits Nachfahren karolingischer Könige von Aquitanien und Herrscher über das größte Herzogtum auf französischem Boden sind.

Der Hof ihres Großvaters Wilhelm IX. von Aquitanien (1071–1126) gilt als einer der kultiviertesten in ganz Europa. Damit entstammt Eleonore aus einem völlig anderen Umfeld als ihre beiden späteren Ehemänner. Bereits ihr Großvater Wilhelm verfasst elf Minnegesänge, was ihm den Beinamen »Troubadour-Herzog« einträgt. In diesen Texten macht er sich unter anderem über die Sexualmoral der Kirche lustig, und um gleich zu beweisen, wie wenig er auf kirchliche Ehevorschriften und dergleichen gibt, hat er zahlreiche außereheliche Affären. Eine dieser Frauen, die einige Jahre als Quasi-Ehefrau an seinem Hof lebt, erwirkt für ihre Tochter Aenòr aus erster, vermutlich nie aufgelöster Ehe, dass sie mit Wilhelms ältestem Sohn verheiratet wird. Dieser Sohn trägt genau wie sein Vater den Namen Wilhelm (X., 1099 –1137), er ist Eleonores Vater.

Geboren wird sie vermutlich in der Nähe von Bordeaux. Im Jahr 1127 stirbt ihr Großvater, der »Troubadour«, ihr Vater Wilhelm·übernimmt das Herzogtum. Drei Jahre später sterben auch ihre Mutter und ihr jüngerer Bruder, so dass Eleonore das Erbe ihres Vaters übernimmt. Sie lernt neben den »klassischen« Frauenfertigkeiten wie Nadelarbeit und Haushaltsführung auch Latein. Schreiben kann sie vermutlich aber nicht. Eleonore gilt als schön, eine präzise Beschreibung ihres Äußeren ist allerdings nicht überliefert. Darüber hinaus soll sie intelligent, humorvoll und offenherzig sein.

EHE NUMMER I MIT LUDWIG VII.

Mit ihrem Erbe ist Eleonore vor allem eines: die ideale Heiratskandidatin für den französischen König Ludwig VII. (franz. Louis VII. le Jeune, 1120–1180). Am 25. Juli des Jahres 1137 wird die Ehe zwischen den beiden geschlossen. Direkt nach ihrer Hochzeit nehmen sie als Herzog und Herzogin von Aquitanien den Lehns- und Treueeid der aquitanischen Vasallen entgegen. Als der Vater ihres Mannes, Ludwig VI., kurz darauf stirbt, wird sein Sohn im Jahr 1137 zum König gekrönt.

Allerdings war er zunächst für ein Leben im Kloster vorgesehen, und vom Ideal des monastischen Lebens scheint er sich nie völlig zu trennen: Die Kirche dieser Zeit untersagt Sex an allen Sonn- und den weiteren zahlreichen Feiertagen sowie während der gesamten

Fastenzeit, und man nimmt an, dass sich Ludwig an dieses Verbot hält. Im ersten oder zweiten Jahr ihrer Ehe hat Eleonore eine Fehlgeburt, erst im Jahr 1145, also sieben Jahre nach ihrer Hochzeit, bringt sie ihr erstes lebendes Kind zur Welt, die Tochter Marie (Marie de Champagne, 1145–1198).

In den Jahren 1147 bis zu dessen Scheitern im Jahr 1149 nahmen Ludwig und Eleonore am Zweiten Kreuzzug teil. Ein Jahr nach ihrer Rückkehr an den Hof und fünf Jahre nach der Geburt der Tochter Marie bringt Eleonore im Jahr 1150 ihre zweite Tochter Alix (1150–1197/98) zur Welt. Zu dieser Zeit ist die Gemeinschaft der beiden bereits an einem Tiefpunkt angekommen. Zwei Jahre später, am 21. März 1152, wird die Ehe Eleonores und Ludwigs VII. auf dem Konzil von Beaugency in Anwesenheit mehrerer Erzbischöfe annulliert. Als »offizieller« Grund für die Scheidung wird die zu enge Blutsverwandtschaft der beiden Ehepartner genannt. Auch von Seiten der Kurie in Rom kommen keine Einwände. Man kann vermuten, dass diese Scheidung vor allem deshalb toleriert wird, weil in 15 Ehejahren kein Thronfolger geboren wurde. Ludwig bleibt der Vormund der beiden Töchter, Eleonore erhält die Ländereien zurück, die sie in die Ehe eingebracht hatte.

EHE NUMMER 2 MIT HEINRICH II. PLANTAGENET

Nur zwei Monate später, am 18. Mai 1152, heiratet Eleonore in zweiter Ehe den 9 Jahre jüngeren Heinrich Plantagenet, Graf von Anjou und Herzog der Normandie – übrigens ohne Einwilligung ihres Ex-Ehemannes und Lehnsherren Ludwig. Von dieser Eheschließung profitieren beide, Eleonore und Heinrich: Sie ist vor unliebsamen Bewerbern geschützt, die sich die Ehe mit der reichen Erbin zur Not mit Gewalt erzwingen könnten. Außerdem ist Heinrich ein wehrhafter Ehemann, der Eleonores Herrschaftsansprüche in ihren eigenen Gebieten (für sie) durchsetzen kann. Und er selber kann auf diese Weise sein eigenes Herrschaftsgebiet auf dem europäischen Kontinent nahezu verdoppeln, keine schlechte Voraussetzung, um seinen Ansprüchen auf den englischen Thron deutlichen Nachdruck zu verleihen. Dennoch geht Heinrich mit dieser Ehe auch ein Risiko ein: Eleonore ist beinahe 30 Jahre alt und hat bisher »nur« zwei Töchter zur Welt gebracht. Und da damals noch niemand weiß, dass bei einer Zeugung nicht die Frau, sondern der Mann beziehungsweise sein Spermium das Geschlecht eines Kindes festlegt (je nachdem, ob die Eizelle von einem Spermium mit dem X- oder dem Y-Chromosom befruchtet wird), sind diese zwei Töchter alles andere als ein Empfehlungsschreiben für Eleonore. Aber offenbar genügen Heinrich fürs Erste die Besitztümer, die seine Frau in die Ehe mitbringt.

Im Jahr 1153 erkennt der englische König Stephan (von Blois, 1192 oder 1196/97) im Vertrag von Wallingford Heinrich Plantagenet als seinen rechtmäßigen Erben an. Ein Jahr darauf stirbt Stephan, im Dezember 1154 werden Heinrich und Eleonore in London zu König und Königin gekrönt.

In den ersten Jahren der Ehe genießt Eleonore das Vertrauen ihres Mannes. Sie darf Zahlungen aus der Staatskasse eigenmächtig veranlassen und während der Abwesenheit ihres Mannes die Regentschaft in England ausüben. »Darf« ist hier tatsächlich der passende Ausdruck, denn Eleonore leistet zwar ihre Unterschriften, sie agiert aber nicht eigenständig, sondern ausschließlich nach Heinrichs Anweisungen. Allerdings übereignet Heinrich seiner Frau bereits jetzt einige der traditionellen Witwengüter der anglo-normannischen Königinnen. Eleonore wird damit zu einer der reichsten Adeligen Englands.

Das Ehepaar führt ein harmonisches Eheleben. Allerdings begegnen sich die beiden in der Regel auch nur zu den Weihnachtsfesten. Heinrich reist durch seine

Eheschacher unter Königen

Da Eleonores erster Mann König Ludwig auch in seiner zweiten Ehe mit Konstanze von Kastilien keine männlichen Erben zeugt, entscheiden im Jahr 1158 die beiden Väter, Heinrich Plantagenet und Ludwig, ihre beiden Kinder Heinrich (den Jüngeren) und Margarethe (die Tochter Ludwigs und Konstanzes) miteinander zu verheiraten. Um das Ganze von Anfang an in die richtigen Bahnen zu lenken, übergibt Ludwig seine Tochter dem künftigen Schwiegervater Heinrich Plantagenet zur Erziehung. Einzige Auflage: Das Mädchen darf nicht in Eleonores Haushalt aufwachsen. Rivalitäten unter Ex-Mann und aktuellem Mann gibt es demnach entweder nicht oder sie werden der Territorialpolitik untergeordnet.

Die Mitgift des Mädchens ist beachtlich, und als Heinrich und seine junge Braut gerade einmal zwei beziehungsweise fünf Jahre alt sind, werden sie – wir sind im Jahr 1160 – kurzerhand verheiratet.

Territorien, Eleonore lebt die meiste Zeit in England, nur zu besagten Weihnachtstagen reist sie – später in Begleitung ihrer Kinder – aufs Festland zu ihrem königlichen Ehemann.

In der Ehe mit Heinrich zeigt sich nun aber, dass Eleonore sehr wohl in der Lage ist, neben Töchtern auch Söhne zur Welt zu bringen. In chronologischer Reihenfolge: 1153 Wilhelm († 1156), 1155 Heinrich der Jüngere († 1183), 1156 Mathilde († 1189, die spätere Ehefrau Heinrichs des Löwen), 1157 Richard (Löwenherz, † 1199), 1158 Gottfried († 1186). 1162 und 1165 gebiert Eleonore zwei weitere Töchter und im Jahr 1166/67 folgt noch der letzte Sohn Johann (Ohneland, † 1216).

In den 60er-Jahren des 12. Jahrhunderts lebt Eleonore wieder vorwiegend auf dem Festland. In Portiers führt sie einen Hof, der als Zentrum höfischer Kultur gilt. Welche Künstler sich dort allerdings aufhalten, ist nicht eindeutig zu sagen. Gerüchteweise soll Chrétien de Troyes (um 1140 – um 1190), der Schöpfer einiger bedeutender altfranzösischer Werke der Artus- und der Gralsepik, hier gewirkt haben. Ein illustrer Gast. Wenn es stimmt.

Die Königin (Gemälde von Frederick Sandys, 1858) ...   ... und die Geliebte

In dieser Zeit, den späten 60er- und den frühen 70er-Jahren entfremden sich die beiden Eheleute immer mehr voneinander. Als Grund könnte man die Affäre zwischen Heinrich und Rosamund Clifford (ca. 1150–1176) annehmen. Zwingend als Ursache ist das allerdings nicht, denn Rosamund ist beileibe nicht die erste Geliebte, von der Eleonore erfährt – ohne dass sie sich bisher besonders am außerehelichen Liebesleben ihres Mannes gestört hätte.

Zu Beginn des Jahres 1168 regelt Heinrich die Aufteilung seines Erbes: Sein Sohn Heinrich der Jüngere soll die Herrschaft in England übernehmen, er wird bereits 1170 zum König gekrönt. Richard erhält Aquitanien und Gottfried die Bretagne. Unberücksichtigt bleibt zunächst der jüngste Sohn Johann, der nicht ganz grundlos den Beinamen »Ohneland« trägt. Daran möchte Papa Heinrich allerdings kurz darauf etwas ändern und zweigt, sehr zum Missfallen seiner drei älteren Söhne, von deren Territorien Land für Johann ab. Ohnehin ist sein ältester Sohn Heinrich zunächst nur nominell König, entscheiden darf er gar nichts, eigene Einkünfte hat er auch nicht.

Eleonore gefällt das alles überhaupt nicht. Den drei Söhnen auch nicht. Mit der Unterstützung ihrer Mutter und ihres ersten Ehemannes Ludwig (dem Schwiegervater ihres ältesten Sohnes Heinrich) beginnen die drei 1173 eine Rebellion gegen ihren Vater Heinrich Plantagenet. Was der sich natürlich nicht gefallen lässt: Im November desselben Jahres wird Eleonore von seinen Männern gefangen genommen und 1174 nach England gebracht. Es wird erst einmal sehr ruhig um sie. Bis zu Heinrichs Tod im Jahr 1189 liest man in den zeitgenössischen Chroniken nur wenig über Eleonore, deren Gefangenschaft man sich übrigens als einen durchaus ihrem Stand angemessenen Hausarrest vorstellen muss.

DIE (MIT)REGIERENDE MUTTER

Nach Heinrichs Tod hat Eleonores Zwangsisolation ein Ende. Sowohl Richard als auch Johann räumen ihrer Mutter Vorrang vor ihren eigenen Ehefrauen ein, sie genießt die Privilegien einer Nebenkönigin.

Eleonore ist es auch, die nach dem Tod ihres Mannes dafür sorgt, dass Richard Löwenherz sein Amt als neuer König reibungslos antreten kann. Richard sorgt im Gegenzug dafür, dass seine Mutter mit Ländereien und einem Witwengut ausgestattet wird. Sie ist nun in der Lage, eine königliche Hofhaltung zu führen, außerdem kann sie Schenkungen und Stiftungen vornehmen.

Im Jahr 1187 bricht Richard zum Dritten Kreuzzug auf, seine inzwischen über 60jährige Mutter beauftragt er damit, nach Spanien zu reisen und dort seine Braut Berengaria abzuholen und zu ihm nach Sizilien zu bringen. Im Jahr 1190 bricht Eleonore auf und liefert die junge Braut ordnungsgemäß in Messina ab. Drei Jahre später, 1193, wird Richard Löwenherz auf der Rückreise aus dem Nahen Osten gefangengenommen und als Geisel an Kaiser Heinrich VI. übergeben. Eleonore ist es, die die 150.000 Mark an Lösegeld zusammenträgt, die der römisch-deutsche Kaiser für ihren Sohn verlangt. Und sie ist es auch, die 1193/94 die erste Rate von 100.000 Mark übergibt. In ihrer Begleitung kehrt Richard 1194 nach England zurück. Sie nimmt an seiner zweiten Krönung in Winchester teil und ist auch bei der Versöhnung mit seinem Bruder Johann zugegen. Bis zu Richards Tod im Jahr 1199 zieht sie sich in die Abtei Fontevrault in Anjou zurück, die sie schon lange finanziell reich unterstützt hatte.

Die Abtei von Fontevrault

Richard hat keine eigenen Kinder (es wird vermutet, dass er homosexuell ist) und hinterlässt damit eine ungeklärte Erbfolge. Einige sind der Ansicht, sein Neffe Arthur (1187–1203), der Sohn seines Bruders Gottfried, habe nun den Anspruch auf den Thron. Eleonore teilt diese Ansicht aber ganz und gar nicht, sie setzt alles daran, ihren jüngsten Sohn Johann zum neuen König zu ernennen. Sie taktiert geschickt, setzt Urkunden auf, in denen sie Johann als rechtmäßigen Erben einsetzt, überträgt die Treueeide und Lehnspflichten aller Bischöfe und weltlichen Vasallen in Aquitanien auf ihn. Im Gegenzug stellt Johann wiederum eine Urkunde aus, mit der er ihr Herrschaftsgebiet an sie zurücküberträgt. Gleichzeitig schützt Eleonore Johann auf diese Weise vor kriegerischen Auseinandersetzungen mit Philipp August, dem einzigen Sohn ihres ersten Mannes Ludwig, auf dem Gebiet Aquitaniens.

Und noch einmal kommt die Heiratspolitik als Begründerin des Friedens zum Zug: Philipp August und Johann Ohneland einigen sich darauf, Philipps Sohn Ludwig (der spätere Ludwig VII.) mit Johanns Nichte Blanka von Kastilien zu verheiraten. Wieder übernimmt es die inzwischen schon betagte Eleonore, die Braut aus Navarra abzuholen und ihrem künftigen Ehemann zuzuführen.

Danach zieht sie sich zwar erneut in die Abtei Fontevrault zurück, aber so ganz zur Ruhe setzen kann sie sich noch nicht. Mindestens zehn Urkunden fertigt Eleonore in den Jahren 1200 bis 1203 noch aus und greift damit in die ungeschickte Politik ihres Sohnes Johann ein. Und als ihr 15jähriger Enkel Arthur, der ja Anspruch auf den Thron erhoben hatte, im Sommer 1202 an der Spitze einer Streitmacht ins Poitou einzieht,

Das Grabmal Eleonores von Aquitanien und ihres Mannes Heinrich Plantagenet in der Abtei von Fontevrault

macht auch sie sich mit einem Heer noch einmal auf in Richtung Poitiers, um diesem Angriff zu begegnen. Ihr Vorhaben misslingt zwar und sie wird mit ihrem Gefolge auf der Burg Mirebeau eingeschlossen. Aber ihr Sohn Johann rückt mit seinen Truppen an, verhindert die endgültige Gefangennahme seiner Mutter und nimmt stattdessen seinen Neffen Arthur gefangen. Ob er auch an dessen Tod ein Jahr später beteiligt ist, gilt zwar nicht als völlig, aber doch als einigermaßen gesichert.

Im darauffolgenden Jahr, am 1. April 1204, stirbt Eleonore im Alter von ungefähr 80 Jahren. Bestattet ist sie in der Abtei Fontevrault, neben ihrem Mann Heinrich II. und ihrem Lieblingssohn Richard Löwenherz.

Würdige Nachfolger

Katherine Hepburn als Eleonore von Aquitanien, Peter O'Toole als ihr Ehemann Henry (bzw. Heinrich), Anthony Hopkins in der Rolle des Richard Löwenherz und Timothy Dalton als König Philipp (dem einzigen Sohn Ludwigs). Wer diese illustre Schauspielergarde in einem Intrigenspiel erleben möchte, dem sei der mehrfach ausgezeichnete Film »Der Löwe im Winter« aus dem Jahr 1968 empfohlen. Er entstand nach dem gleichnamigen Schauspiel von James Goldman, Regie führte Anthony Harvey.

Zum Inhalt: Wir schreiben das Jahr 1183, es ist Weihnachten. Eigentlich das Fest der Liebe, aber auf der französischen Burg Chinon bricht ein erbitterter (Ehe)Krieg um die Nachfolge des alternden König Heinrichs los. Eleonore ist zu dieser Zeit schon lange Heinrichs Gefangene, er selber hat, nicht gerade eine Seltenheit für diesen Mann, eine junge Geliebte. Die Eheleute hassen und lieben sich gleichzeitig.

Und sie sind sich alles andere als einig darüber, wer Heinrich auf dem Thron nachfolgen soll. Eleonore favorisiert ihren Lieblingssohn Richard, Heinrich denkt eher an Johann (Ohneland) …

Noch nicht genug von der weihnachtlichen Ehehölle bei Hof? Dann bietet sich das Remake des Films aus dem Jahr 2003 als opulente dreistündige Version an. Das streitende Königspaar wird hier von Glenn Close und Patrick Steward dargestellt.

Als Drehort für den Film diente die Abtei Montmajour, nordöstlich von Arles.

Margarethe von Norwegen

Auf in den Norden. Zu einer Frau, die die Geschichte Nordeuropas prägt wie kaum eine andere und die über die drei Länder Dänemark, Schweden und Norwegen herrscht, samt den zu letzterem Land gehörenden Besitzungen Island und Grönland, den Färöer-, den Shetland- und den Orkney-Inseln. Die sich ab dem Jahr 1375 »Königin von Schweden« nennt, die aber nie zur Königin gekrönt wird. Zu einer der großen Frauen der Weltgeschichte und einer der bedeutendsten Inhaberinnen politischer Macht im Mittelalter.

Welchen Rang Margarethe I. (auf Dänisch: Margrete I.) unter den Herrschern Skandinaviens einnimmt, kann man besser noch als zu ihren Lebzeiten nach ihrem Tod erkennen, und zwar am Platz ihrer Beisetzung. Nicht der Ort ist hier entscheidend, denn im Dom zu Roskilde in Dänemark sind insgesamt 38 Könige bestattet. 37 von ihnen liegen allerdings in

Der Sarkophag Margerethes I., direkt vor dem Altar im Dom zu Roskilde

den Nebenräumen der (mittlerweile) protestantischen Kirche, die seit 1995 zum UNESCO-Weltkulturerbe gehört. Margarethes Sarkophag dagegen befindet sich direkt vor dem Altar. Prominenter geht es nicht.

Aber alles der Reihe nach:

Im Jahr 1353 wird Margarethe auf Schloss Søborg (dän. Søborg Slot) auf der dänischen Insel Seeland geboren. Von der einstmals stärksten Burg Dänemarks ist heute nur noch ein kläglicher Rest erhalten, auf den nicht einmal der Begriff »Ruine« noch passt. Margarethe ist die jüngste Tochter König Waldemars IV. Atterdag und seiner Frau Helwig. Und da sich die Territorialpolitik Skandinaviens nicht wesentlich von der in Mitteleuropa unterscheidet, wird die 10jährige Königstochter aus Dänemark 1363 kurzerhand mit dem norwegischen König Håkon VI. Magnusson (um 1341–1380) verheiratet. Ihr Mann ist seinerseits der Sohn des schwedischen Königs Magnus II. Eriksson und damit König von Norwegen und Schweden. Auch ihre Erzieherin beziehungsweise deren Mutter ist eine »Prominente«: Merete Ulvsdatter ist nämlich die Tochter der heiligen Birgitta von Schweden (1303–1373).

Anders als viele andere Adelige ihrer Zeit bekommt Margarethe nur ein Kind: 1370 bringt sie mitten in einer Pestepidemie, die Oslo gerade heimsucht, ihren Sohn Olav (II. Håkonsson, † 1387) zur Welt.

Als Margarethe 22 Jahre alt ist, stirbt 1375 ihr Vater Waldemar. Da aber auch ihr Bruder bereits verstorben ist, gibt es keinen direkten männlichen Erben für den Thron. Hinzu kommt, dass Margarethes Vater Waldemar im sogenannten Frieden von Stralsund mit der Hanse vereinbart hatte, ein dänischer König dürfe fortan nur mit vorheriger Zustimmung der Hanse gewählt werden. Es gilt also zu taktieren. Und genau das tut Margarethe. Zunächst einmal sichert sie sich die vollständige Unterstützung des wichtigsten Gefolgsmannes ihres Vaters, Henning Podebusk (auch Hennig von Putbus, † 1388), zu. Er ist der Droste Dänemarks, eine Position, die man am besten mit der eines heutigen Ministerpräsidenten vergleichen kann. Dieser Mann ist ein Wunder an Diplomatie und Verhandlungsgeschick, seine Loyalität dürfte eine Art »Türöffner« bei allen großen Plänen sein. Und Margarethes erster Plan gilt ihrem noch minderjährigen Sohn Olaf. Er soll der künftige dänische König werden. Zu diesem Zweck belehnt sie – auch stellvertretend für ihren Sohn – einige einflussreiche Kleriker mit Ländereien. Nach und nach schließen sich immer mehr Aristokraten ihrer Seite an, so dass der fünfjährige Olaf schließlich vom dänischen Reichsrat zum König gewählt wird. Zusammen mit dem dänischen Reichsrat übt sie von 1375 bis 1385 für ihn die Regentschaft aus. Den Titel einer Königin von Dänemark darf sie allerdings nicht führen, der ist ausschließlich der Ehefrau eines gewählten und gekrönten Königs vorbehalten.

1380 stirbt König Håkon, bis zum Jahr 1385 übernimmt Margarethe für ihren Sohn nun auch die norwegische Regentschaft. Damit beginnt die dänisch-norwegische Personalunion, die erst nach dem Kieler Frieden am 14. Januar 1814 endet. Besonders begeistert sind die Norweger davon nicht, der Schriftsteller Henrik Ibsen fasst die Misere – denn als eine solche empfinden es die Norweger offenbar – als die »400-Jahre-Nacht« für sein Volk zusammen. Dieser Betrachtung schließt man sich auch in der nationalen Geschichtsschreibung in Island, Grönland und auf den Färöer-Inseln an. Diese sogenannten Überseebesitzungen Norwegens fallen damit nämlich unter die direkte Herrschaft der dänischen Krone.

Im Jahr 1387 stirbt Olaf im Alter von 17 Jahren. Einen Anspruch auf seinen Thron hat Margarethe in Dänemark zwar immer noch nicht, das Wahlkönigtum besteht nach wie vor. Dennoch wird sie schon eine Woche nach dem Tod ihres Sohnes im schonischen Lund, das damals zu Dänemark gehört, vom Reichsrat zur dänischen Interims-Herrscherin gewählt. Offiziell ist auch im Dänemark des späten Mittelalters eine Frau als Regentin nur tragbar, solange sich kein geeigneter Mann für dieses Amt findet. Und den scheint es nicht zu geben, so dass man sich für die Tochter des verstorbenen alten und Mutter des verstorbenen neuen Königs entscheidet. Wie gesagt, ohne dass sie sich Königin nennen darf. Sie ist die »Frue og Husbonde og hele rigets Formynder«, die Frau und Herrscherin und des gesamten Reiches Vormund.

Ein Jahr später folgt der norwegische Reichsrat und wählt Margarethe zu »Norges mæktige Frue og rette Husbond«, Norwegens mächtiger Frau und rechtmäßigem Vormund. Dieselbe Wahl treffen einen Monat später auch die Schweden. Zur Vollständigkeit noch einmal die dazu gehörende Bezeichnung auf Schwedisch: »Fullmäktiga Fru och Husbond«. Dumm nur, dass zu dieser Zeit gerade Albrecht III. von Mecklenburg (um 1338–1412) König von Schweden ist, wenn auch nicht unbedingt mit Zustimmung der Schweden und nur dem Titel nach. Die Entscheidungsbefugnisse liegen in den Händen des Reichsrates, und der bittet 1388 Margarethe um Hilfe.

Die nun einen Krieg gegen Albrecht beginnt. Nicht nur scheint das Albrecht ganz grundsätzlich nicht zu gefallen, er hält es offenbar vor allem für ungehörig, dass ausgerechnet eine Frau gegen ihn zu Felde zieht. Um seinem Missfallen an so viel weiblicher Dreistigkeit Nachdruck zu verleihen, schickt er ihr im Februar 1389 einen Wetzstein. Daran möge die »Königin Ohnehose« doch bitte ihre Nähnadeln und ihre Schneiderscheren schleifen. Tut sie aber nicht. Stattdessen besiegt sie 1389 Albrecht mit ihrem Heer in der Schlacht von Åsle/West-Götaland und nimmt ihn und seinen Sohn Erich gefangen. Sechs Jahre bleiben die beiden Männer ihre Gefangenen. Es folgen Jahre zäher Verhandlungen. Erst 1395 werden Vater und Sohn wieder freigelassen, und auch das nur unter der Bedingung, dass sie entweder innerhalb der folgenden drei Jahre eine vereinbarte Geldsumme an Margarethe bezahlen oder aber Albrecht den Thron an sie abgeben muss. Er kann nicht zahlen, und Margarethe nimmt 1398 den schwedischen Thron in Besitz.

Nun darf sie endlich auch festlegen, wer der künftige König sein soll. Entschieden hatte sie sich schon lange: Ihre Wahl war auf Erich von Pommern (eigentlich Bogislav Wratislawsson, ca. 1382–1459) gefallen, den Enkelsohn ihrer Schwester Ingeborg. Vom norwegischen Reichsrat wurde er schon 1388, noch minderjährig, als Erbkönig anerkannt. In Dänemark und Schweden kann sie ihn erst jetzt, 1396, etablieren.

In einem historisch bedeutenden symbolischen Akt wird Erich am 17. Juni 1397 auf der Burg im småländischen Kalmar als König Erik von Dänemark, Norwegen und Schweden gekrönt. Es ist zugleich die Ge-

Drei Länder – drei Namen

So ist das, wenn Mann in drei Ländern König wird: Aus **Erich von Pommern** wird Erik VII. von Dänemark, Erik (Eirik) III. von Norwegen und Erik XIII. von Schweden.

Zusammenschluss im Norden Europas

Die Kalmarer Union besteht von 1387 bis 1523. Sie umfasst die drei Länder Dänemark, Schweden und Norwegen sowie Teile des heutigen Finnland, das zu dieser Zeit unter schwedischer Herrschaft steht. Auch Island, die Färöer-, die Shetland- und die Orkney-Inseln gehören dazu, sie alle sind zu dieser Zeit der norwegischen Krone unterstellt. Auch Schleswig und Holstein sind der Union zeitweise eingegliedert. Im Jahr 1407 erlangt Margarethe außerdem die Herrschaft über die Insel Gotland.

Jedes der drei Länder behält seinen Reichsrat und Regierungsaufbau.

Nicht Teil der Union sind dagegen die Inseln und Städte der Hanse.

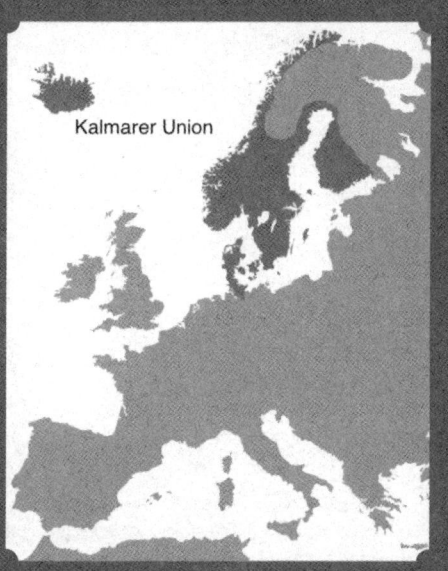

Die Kalmarer Union am Beginn des 16. Jahrhunderts

burtsstunde der Kalmarer Union, einer Vereinigung der drei Königreiche, die allerdings formal nie ratifiziert wird. Margarethe erhält die Generalvollmacht für die Reichsverweserschaft. Das heißt, sie kann anstelle des noch nicht regierungsfähigen Thronfolgers agieren. Und diese Herrschaft behält sie de facto bis zu ihrem Tod bei. Zu diesem Zeitpunkt ist Erik bereits 30 Jahre alt. Das Wort »Verweser« leitet sich übrigens vom althochdeutschen »firwesan« ab und bedeutet »jemandes Stelle oder Wesen vertreten«.

Im Oktober des Jahres 1412 reist Margarethe gemeinsam mit Erik nach Schleswig, sie möchte sich dort den Beistand der einflussreichen Kaufmannsgilde sichern. Doch dazu kommt es leider nicht mehr. Denn sie erkrankt an der Ruhr (Pest) und stirbt am 28. Oktober auf einem Schiff im Flensburger Hafen im Alter von 59 Jahren.

Tratsch aus Adelskreisen

Regieren ist zum einen anstrengend, zum anderen möchte vielleicht auch eine so disziplinierte Frau wie Margarethe ab und zu ein bisschen Ablenkung.

Der Mann ihrer Wahl kommt aus dem skandinavischen Hochadel, er heißt Abraham Brodersson und gilt als fähiger Militär. Ganz nebenbei soll er auch noch recht ansprechend aussehen. Aber die beiden haben nicht nur eine Affäre miteinander, sondern auch eine gemeinsame Tochter, Birgitta (Brita). Man mag sich natürlich fragen, wie die Königin ihre Schwangerschaft geheim halten kann, offiziell ist das Mädchen auf alle Fälle die Tochter von Broderssons Ehefrau Margareta Petersdotter.

Was ist dran an der Geschichte? Vermutlich in etwa so viel wie in an all den mal mehr, meist weniger ergreifenden Schicksalen aus Adelskreisen, an denen uns heutige Hochglanzmagazine teilhaben lassen.

Königin Margarethe I. von Norwegen

Es ist übrigens wenig erstaunlich, dass die heutige Königin von Dänemark den Namen Margrethe II. trägt. Denn zwischen der ersten und der zweiten Marg(a)rethe, zwischen all den Christians und Frederiks gibt es in all den Jahrhunderten keine einzige (weibliche) Regentin in Dänemark.

Isabella von Kastilien

Eine bedeutende Frau des späten Mittelalters? Ja. Ein besonders rühmliches Lebenswerk?
Eher nicht.

Aber wir beginnen statt mit der Biographie mit dem Auszug aus einem Klassiker der
Weltliteratur:

> »Es eifre jeder seiner unbestochnen
> Von Vorurteilen freien Liebe nach!
> Es strebe von euch jeder um die Wette,
> Die Kraft des Steins in seinem Ring' an Tag
> Zu legen! komme dieser Kraft mit Sanftmut,
> Mit herzlicher Verträglichkeit, mit Wohltun,
> Mit innigster Ergebenheit in Gott
> Zu Hilf'!«

Diese Worte lässt Gotthold Ephraim Lessing seine Titelfigur in dem Schauspiel »Nathan
der Weise« aus dem Jahr 1779 sagen. Er drückt damit nicht mehr und nicht weniger aus als
die Forderung nach religiöser Toleranz:

Dem Juden Nathan wird vom muslimischen Sultan Saladin die Frage nach der wahren
Religion gestellt. Zur Auswahl stehen Christentum, Islam und Judentum. Aber Nathan
kann und will keine Wahl treffen. Stattdessen vergleicht er die »wahre Religion« mit einem
Ur-Ring, von dem mittlerweile eine Reihe Nachahmungen existieren. Er verweist auf die
Grundwerte der drei Religionen, »Verträglichkeit, Wohltun, innigste[] Ergebenheit in
Gott«. Wer, so lässt sich die Quintessenz der sogenannten Ringparabel vielleicht am besten
paraphrasieren, das Gebot der Nächstenliebe lebt, der erfasst den Kern seiner jeweiligen Religion und macht sie damit zu etwas Wertvollem. Den einen, »wahren« Glauben/Ring gibt
es vermutlich gar nicht (mehr).

Das ist das Gedankengut der Aufklärung, und natürlich liegen zwischen diesen Zeilen und dem Wirken Isabellas von Kastilien gut 300 Jahre. Dennoch, weiter entfernt als Isabella kann man in der Haltung kaum noch von dem Toleranzgedanken der Aufklärung sein.

ISABELLA DIE EMANZIPIERTE

Isabella (die später auch Isabella die Katholische genannt wird) kommt 1451 als Tochter König Johanns II. von Kastilien und León (1405–1454) und seiner zweiten Ehefrau Isabella von Portugal zur Welt und erhält eine sehr gute Ausbildung im Kloster Santa Ana in Ávila. Im Jahr 1454, Isabella ist gerade vier Jahre alt, stirbt ihr Vater, sie wird mit ihrer Mutter und ihrem jüngeren Bruder Alfonso (1453–1468) vom Hof vertrieben. Die Nachfolge Johanns tritt sein Sohn aus erster Ehe an, Heinrich IV, »el impotente« (der Impotente, 1425–1474). Dieser Name dürfte sich sowohl auf seine Fähigkeiten als Landesherr als auch auf sein Unvermögen beziehen, Kinder zu zeugen. Ob er sie nicht zeugen **könnte,** wenn er nur **wollte,** ist nicht ganz klar. Heinrich dürfte homosexuell sein und, anders als sein Vater, dem man dasselbe nachsagt, offenbar auch nicht gewillt, seine Abneigung gegen Frauen wenigstens so lange zu überwinden, bis der notwendige Thronfolger gezeugt ist. Die erste Ehe bleibt kinderlos, die einzige Tochter aus zweiter Ehe soll aus einer Affäre seiner Frau stammen.

Das alles wäre vielleicht noch kein so großes Problem, aber Heinrich leistet nach Ansicht seines Volkes insbesondere als Herrscher Unterdurchschnittliches und wird nach einem längeren Bürgerkrieg im Jahr 1468 vom Adel gezwungen, seinen Halbbruder Alfons als Erben anzuerkennen. Aber Alfons stirbt bereits im Jahr 1468, seine Nachfolgerin ist Isabella. Daher ist es jetzt nicht nur wichtig, dass sie heiratet, sondern auch wen. Endlich heiratet, sollte es eigentlich heißen. Denn Isabella ist im Jahr 1468 bereits 17 Jahre alt, und da wird es für eine künftige Thronerbin langsam Zeit. Mehrere Eheanbahnungen hatten sich bereits in Nichts aufgelöst. Isabellas erster Ehekandidat, der gut 30 Jahre alte Karl von Viana, starb noch vor der Eheschließung. Der nächste Anwärter ist Alfons V. von Portugal. Ihn lehnt Isabella aus politischen Erwägungen heraus ab. Es folgt Pedro Girón, der Bruder des Großmeisters von Calatrava, aber auch er stirbt noch vor der Eheschließung an der Diphterie. Ihr Halbbruder Heinrich versucht es mit Ehemann in spe Nummer fünf, Charles de Valois. Er ist Herzog von Berry und Bruder von König Ludwig XI.

Aber Isabella möchte sich ihren künftigen Ehemann lieber selber aussuchen. Sie entscheidet dabei keineswegs nach Gefühl oder gar Liebe, denn sie kennt ihren späteren Ehemann Ferdinand (II, 1452–1516) überhaupt noch nicht. Aber er ist der künftige König von Aragón, und sie schätzt ihn als zielstrebig, klug und tapfer ein – das zählt. Isabella tritt über ihren Berater, den jüdischen Finanzier Abraham Senior, in Kontakt mit Ferdinand und lässt ihm einen Antrag machen. Es scheint sie nicht zu stören, dass ihr gerade 17jähriger Auserwählter bereits zwei Kinder mit einer Mätresse hat. Und der Auserwählte seinerseits scheint sich auch nicht besonders an seine Mätresse gebunden zu fühlen, dazu ist Isabella eine viel zu gute Partie.

Was jetzt folgt, könnte so romantisch sein. Wäre nicht das politische Kalkül die einzige Triebfeder: Um Isabella werben kann Ferdinand nicht, denn ihr Halbbruder hatte ja bereits einen anderen Ehemann für sie festgelegt. Also verkleidet sich der – kein bisschen himmelhoch verliebte – Ferdinand als Eselstreiber und reist mit einer kleinen Gruppe an Begleitern zu Isabella nach Valladolid. Hierher war sie vor ihrem Halbbruder Heinrich geflüchtet. Am 19. Oktober 1469 heiraten Isabella und Ferdinand.

Isabella von Kastilien und ihr Mann Ferdinand von Aragón

ISABELLA DIE KATHOLISCHE

1474 stirbt König Heinrich IV, Isabella ist jetzt 23 Jahre alt und besteigt gemeinsam mit ihrem Mann den Thron von Kastilien. Ab dem Jahr 1479 regiert das Königspaar die Reiche Aragón und Kastilien zwar gemeinsam, Isabella bleibt aber die alleinige »Besitzerin« von Kastilien.

Und ab jetzt wird es (zumindest aus heutiger Sicht) unerfreulich: Am 1. November 1478 erlässt Papst Sixtus IV. auf Betreiben Isabellas und ihres Mannes Ferdinand die Bulle »Exigit sincerae devotionis affectus«. Darin erlaubt er den beiden Monarchen die Benennung von zwei oder drei Inquisitoren, die sich bei ihrer Tätigkeit besonders der »Conversos« annehmen sollen, jener Gruppe ehemaliger Juden, die nur zum Schein zum katholischen Glauben konvertieren, insgeheim aber weiterhin die Riten ihrer jüdischen Religion pflegen. Zwei Jahre später führt das königliche Ehepaar auf Basis der päpstlichen Bulle die Inquisition ein. Anders als in anderen Regionen Europas liegt sie damit in Spanien in staatlicher Hand und wird im Laufe der Zeit als Staatsorgan missbraucht.

Im September des Jahres 1480 ernennen Ferdinand und Isabella zum ersten Mal zwei Inquisitoren und einen Berater. Hier schon ein kurzer Vorgriff: 1488 wird ein eigener Rat für die Inquisition ins Leben gerufen, der »Consejo de la Suprema y General Inquisición«, kurz »Suprema«. An seiner Spitze steht der Generalinquisitor, er wird als einziger vom Papst ernannt. Alle anderen Mitglieder des Consejo legen die Könige selber fest. Dieser Suprema bildet den Grundstein für die Spanische Inquisition, die sich zu einer eigenen staatlichen Behörde entwickelt. Offiziell bleibt sie bis ins Jahr 1834 bestehen.

Das Autodafé ist ein groß angelegter Schauprozess. Madrid, Plaza Mayor 1680

Das erste Autodafé, die öffentliche Verkündung der Urteile, findet am 6. Februar des darauffolgenden Jahres 1481 statt. Ab 1482 werden insgesamt noch neun weitere Inquisitionstribunale im Wirkungsbereich der beiden »katholischen Könige« eingerichtet.

Zu den Zahlen der Opfer der spanischen Inquisition sind sehr unterschiedliche Angaben überliefert, und nur wenige bilden den Zeitraum von Isabellas Regierungszeit ab. Allein für die ersten 50 Jahre der spanischen Inquisition (bis 1530) variieren die Angaben zwischen 1500 Opfern in ganz Spanien und 12.000 alleine in Kastilien.

Im Januar 1492 erobern Isabella und ihr Mann Ferdinand das Emirat von Granada. Damit findet die sogenannte Reconquista ihren Abschluss, die Zurückdrängung der muslimischen Machtbereiche zugunsten des Christentums auf der iberischen Halbinsel. Rund 700 Jahre hatten die Mauren hier gelebt.

Am 31. März desselben Jahres wird darüber hinaus mit dem »Alhambra-Edikt« endgültig verfügt, dass alle Juden aus dem Herrschaftsgebiet des Königspaars entweder zum Christentum überzutreten oder das Land zu verlassen haben. Ob die Konversion nicht nur pro forma, sondern aus wirklicher religiöser Überzeugung erfolgt, das entscheidet vielfach die Inquisition. Grundsätzlich stehen erst einmal alle konvertierten Juden unter dem Generalverdacht, ihren alten Glauben im Geheimen weiter zu praktizieren. Die Inquisition urteilt zwar ausschließlich über getaufte Juden, deren Gesinnung wird allerdings dauernd überprüft. Wird jemand im Inquisitionsverfahren der Häresie (der Ketzerei) überführt, endet er oder sie in der Regel auf dem Scheiterhaufen.

Ergänzung: Im Jahr 1494 verleiht Papst Alexander VI. dem Ehepaar den Titel »reyes católicos«, katholische Könige. Sie verstehen es als große Auszeichnung. Und um die Sache endlich komplett zu machen, stellen die beiden katholischen Könige im Jahr 1502 auch noch alle im Land verbliebenen Muslime vor die Wahl zwischen Zwangstaufe oder Ausreise. Auch hier überprüft die Inquisition natürlich bei den verbliebenen Konvertiten die religiöse Gesinnung! Spanien ist damit endgültig von der Plage der Häresie befreit ...

Ein Meisterwerk maurischer Architektur: die Alhambra

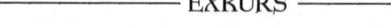

Ablauf eines Inquisitionsverfahrens

Noch bevor das Inquisitionstribunal seine Arbeit überhaupt aufnimmt, wird ein Gnadenerlass(!) verlesen: Die Bewohner einer Region werden dazu aufgefordert, mit der Inquisition zusammenzuarbeiten. Im Klartext heißt das, sie sollen innerhalb von 30 Tagen eigene und die Sünden anderer melden. Solchermaßen bußfertige Sünder können meist mit einer milden Strafe rechnen, sprich: Sie müssen an die Inquisition eine Geldbuße zahlen.

Übrigens: Wer keine Verstöße meldet, wird allein schon für so viel Uneinsichtigkeit bestraft. Entsprechend reuig zeigen sich die meisten.

Die erste Amtshandlung bei der **Festnahme** besteht darin, den Besitz des Inhaftierten (vorläufig) zu beschlagnahmen und eine Liste des Inventars zu erstellen. Daraus errechnen sich später die Geldstrafe und die Höhe der Verfahrenskosten. Der Inhaftierte erfährt nicht, wer ihn angezeigt hat und welcher Vergehen er/sie beschuldigt wird. Bis zum eigentlichen Prozess können Wochen bis Monate vergehen. Dem Angeklagten steht zwar ein Anwalt zu, allerdings nur innerhalb einer vom Gericht festgelegten Gruppe von Verteidigern.

Der **Prozess** selber ist keine zusammenhängende Verhandlung. Vielmehr werden diverse Aussagen von Angeklagtem und Zeugen gesammelt. Auch Aussagen aus früheren Verfahren gegen den Beschuldigten werden dabei verwertet. Bei der »Vernehmung« des Angeklagten sind in der Regel nur der Inquisitor und der Schreiber anwesend. Die Folter ist natürlich erlaubt, etwa dann, wenn der Angeklagte sich in Widersprüche verwickelt, nur ein Teilgeständnis ablegt oder zwar einen Fehler gesteht, aber behauptet, er/sie habe nicht in häretischer Absicht gehandelt.

Als gängige **Foltermethoden** der Spanischen Inquisition werden das Pfahlhängen, die Streckbank und die »Toca« eingesetzt. Letztere Methode ist heute unter dem Begriff »waterboarding« bekannt, die Spanier gelten als die Ersten, die diese Technik zur »Wahrheitsfindung« einsetzten.

Die kirchlichen Würdenträger selber sind bei den Verhören übrigens nur als Zuhörer/Zuschauer zugegen. Hand an die Beschuldigten legt immer ein weltlicher

Scharfrichter. Und: Es ist ein Arzt anwesend. Allerdings keineswegs, um zu überprüfen, dass den Verhörten kein bleibender Schaden zugefügt wird, sondern nur, um sicherzustellen, dass sie die Tortur auch überleben.

Sollte man im Zuge eines Häresieprozesses feststellen, dass der Angeklagte tatsächlich unschuldig ist, wird der Prozess schlicht abgebrochen und der Verhaftete wird wieder entlassen. Es hat nie eine Anklage gegeben.

Kommt es aber zur **Verurteilung**, gestaltet sich die in der Regel folgendermaßen: In leichten Fällen muss der Verurteilte seinen Irrtümern abschwören. Das geht völlig unkompliziert und ohne Autodafé in einem nicht-öffentlichen »Auto particular«.

Ist die Schuld etwas größer, wird sie beim Autodafé verlesen. Es wird eine Geldbuße verhängt, die – erstaunlich genug ... – in die Kasse der Inquisition fließt. Eventuell muss der Verurteilte anschließend noch für eine festgelegte Zeit ein Büßergewand tragen.

Hat sich der Angeklagte allerdings der Ketzerei schuldig gemacht, muss er beim Autodafé »ehrliche Reue« zeigen, kann aber nach Ableistung einer Buße wieder in die Arme der katholischen Kirche aufgenommen werden. Zur Auswahl (für die Inquisition, die Angeklagten hatten selbstverständlich kein Mitspracherecht) stehen eine öffentlich vollzogene Prügelstrafe, Gefängnis oder ein paar Jahre auf der Galeere (Letzteres kommt oft genug der Todesstrafe gleich). Das Vermögen des Verurteilten wird natürlich eingezogen.

Und dann gibt es noch den Fall, dass jemand absolut nicht zur Buße bereit ist oder gar ein rückfällig gewordener Wiederholungstäter ist. In diesem Fall hat die Inquisition keine Möglichkeiten mehr, sich der verlorenen Seele anzunehmen. Der Verurteilte wird der weltlichen Justiz übergeben, die die Todesstrafe durch Verbrennen verfügt. Auch das Vermögen dieser zum Tod Verurteilten wird natürlich eingezogen.

Das **Autodafé** trägt im Spanien des ausgehenden Mittelalters und der frühen Neuzeit den Charakter eines Volksfestes – auch wenn es eigentlich das Jüngste Gericht symbolisiert. Der Termin muss acht Tage vorher bekanntgegeben werden. Hier werden die Urteile verlesen, die Angeklagten können/müssen öffentlich abschwören und werden als Akt großer Gnade wieder in die Kirche aufgenommen.

Für die Vollstreckung von Prügelstrafe oder Tod auf dem Scheiterhaufen legt man einen gesonderten Termin fest. Beim Autodafé wird nur gerichtet, nicht gemordet!

Auch Menschen, die zu dem Zeitpunkt, an dem die Todesstrafe vollstreckt werden soll, bereits verstorben sind oder die vorher fliehen konnten, werden ihrer Strafe zugeführt: In diesem Fall verbrennt man statt ihrer Puppen.

Isabella stirbt am 26. November 1504, Ferdinand am 23. Januar 1516. Obwohl Ferdinand nach Isabellas Tod noch einmal heiratet, wird er genau wie seine erste Frau in der Krypta der Capilla Real (der Königlichen Kapelle) in Granada/Andalusien beigesetzt. Die Grabinschrift der beiden »katholischen Könige« lässt man am besten unkommentiert:

> »Mohameticae sectae prostratores et heretice pervicacie extinctores Ferdinandus Aragonorum et Helisabetha Castelle vir et uxor unanimes Catolice appellati marmoreo clauduntur hoc tumulo.«

(Die Vernichter der Mohammedanischen Sekte und Auslöscher der häretischen Falschheit, Ferdinand von Aragón und Isabella von Kastilien, Gemahl und Gemahlin, allseits die Katholischen genannt, umschließt dieses marmorne Grab.)

Isabella die Heilige

Mitte des vorigen Jahrhunderts wurde ein Antrag auf Heiligsprechung Isabellas von Kastilien eingereicht. Seit 1990 ruht das Verfahren. Die Befürworter ihrer Heiligsprechung verweisen zum einen auf die Verehrung, die ihr seit vielen Jahrhunderten zuteil wird, zum anderen verweisen sie auf zwei Wunder, die sie gewirkt haben soll. Als Argumente gegen die Heiligsprechung werden unter anderem der Missbrauch der Inquisition als Staatsorgan und die Vertreibung der Juden aus Kastilien genannt.

Fromme Frauen

Der Titel dieses Kapitels lautet bewusst nicht »Ordensfrauen«, denn nicht alle Frauen des Mittelalters, die ihr Leben ganz der christlichen Spiritualität widmen, gehören auch einem Konvent an. Etliche von ihnen leben als Beginen in sogenannten Beginenhäusern. Da die Lebensform der Beginen einigen Lesern vielleicht unbekannt ist, stelle ich diesem Kapitel eine kurze Einführung voran.

Im Hochmittelalter können wir eine regelrechte »religiöse Frauenbewegung« feststellen, der neben den im Kloster lebenden Nonnen auch die Beginen zugerechnet werden. Für das Phänomen der Frömmigkeitsbewegung gibt es viele Erklärungsansätze. Ein nicht ganz unerheblicher Aspekt dürfte neben Glaubensgründen auch der sein, dass die Frauen in diesen religiösen Gemeinschaften der Ehe und damit den zahlreichen Schwangerschaften einschließlich all ihrer Risiken entkommen können.

Gerade aus dieser Gruppe der religiösen Frauen sind uns aus dem Mittelalter zahlreiche Lebens-, oft auch Leidensgeschichten überliefert. Die Frauen fallen durch ihre intensiv gelebte Frömmigkeit auf, einige von ihnen erleben göttliche Visionen. Bewunderung bringen diese Visionen allerdings längst nicht jeder Frau ein. Einige von ihnen werden später als Heilige verehrt, andere enden auf dem Scheiterhaufen. Ihnen habe nicht Gott, sondern der Leibhaftige zu ihren paranormalen Erscheinungen verholfen.

Ausgeprägte Frömmigkeit, erst recht, wenn sie mit einer Schau des Göttlichen einhergeht, erregt im Mittelalter Aufsehen, vielfach auch Bewunderung. Natürlich kann man sich aus heutiger Sicht die Frage stellen, ob dieser Umstand nicht vor allem Frauen mit einem ausgeprägten Geltungsdrang regelrecht anzog. In einzelnen Fällen dürfte das definitiv so gewesen sein, sei es unbewusst oder aus Kalkül. Von einer Frau, auf die Letzteres zutrifft, wird in einem späteren Abschnitt noch ausführlich erzählt. Insgesamt möchte ich in diesem Buch aber nicht darüber urteilen, ob die Visionen, von denen so viele Frauen (und übrigens auch Männer) dieser Zeit berichten, wahr oder falsch sind. Sondern ich möchte ein paar dieser sehr speziellen Frauen porträtieren. Vorab aber, wie angekündigt:

Die Beginen

Die meisten Frauen, die sich für ein Leben als Begine entscheiden, leben in einem Konvent, dem sogenannten Beginenhaus. Zwischen drei und zwölf Frauen finden hier jeweils Platz. Es gibt eigene Hausordnungen, in den größeren Beginenhäusern auch eine Meisterin (Magistra) und häufig auch einen Vorsteher, der nicht im Konvent lebt, der aber grundsätzliche Entscheidungen trifft. Konvente mit bis maximal vier Bewohnerinnen regeln ihre Angelegenheiten dagegen selbst. Beim Eintritt ins Beginenhaus müssen die Frauen eine Gebühr entrichten. Im Großen und Ganzen werden die Beginenhäuser aber durch Spenden, Schenkungen und aus Vermächtnissen finanziert.

Beginenhof in Breda

Anders als Ordensgeistliche legen Beginen keine Gelübde ab, sie verpflichten sich aber dazu, ein Leben in Armut, in Keuschheit und im Gehorsam gegenüber Meisterin und Vorsteher zu führen. Außerdem sind sie karitativ tätig. Zu ihren Hauptaufgaben gehört die Betreuung Sterbender und die Krankenpflege, besonders, wenn es sich um ansteckende Krankheiten oder gar Seuchen handelt.

Da uns einige Hausordnungen erhalten geblieben sind, wissen wir ein bisschen über die Regeln innerhalb eines Beginenhauses: Die Frauen sollen ihr Haus nie alleine verlassen. Auch wenn sie innerhalb ihres Hauses Außenstehende treffen, sollen sie das nur in Gegenwart anderer Schwestern tun. Aus Aachen ist uns bekannt, dass es – eigentlich wenig erstaunlich – verboten ist, gemeinsam mit Männern zu übernachten, mit ihnen zu feiern oder zu – baden. In Beginenhäusern geht es ruhig und freundlich zu. Es wird nicht viel gesprochen, erst recht nicht gestritten, und Mitschwestern werden auch nicht vor anderen abgewertet. Wer sich nicht daran hält, dem droht im schlimmsten Fall der Ausschluss aus der Gemeinschaft.

Beginen sind nicht lebenslang an den Konvent gebunden. Wenn diese Lebensform für sie irgendwann nicht mehr die richtige ist, dürfen sie wieder gehen und können auch (wieder) heiraten.

Es gibt im Mittelalter an die 10.000 Beginenhäuser, verteilt auf ganz Europa. Vor allem im belgischen Flandern und in den Niederlanden findet man auch Beginenhöfe, Wohnanlagen mit Häusern der Beginen, Gemeinschaftsräumen und einer Kapelle. Diese Ensembles gruppieren sich meist um eine Grünanlage.

Radegunde — von der Königin zur Heiligen

Zum Auftakt der frommen Frauen gehen wir allerdings noch einmal zurück in die Zeit der Merowingerkönige, und zwar zum Vater jener Herren Chilperich und Sigibert, deren Frauen Fredegunde und Brunichild als Königswitwen auf nachdrücklichste Weise in die Politik ihrer Zeit eingreifen. Zur Erinnerung: Die beiden Damen schrecken vor nichts zurück, nicht vor Verleumdung und erst recht nicht vor dem einen oder anderen Auftragsmord.

Ganz anders dagegen macht es Radegunde, die Tochter des thüringischen Königs Berthachar (485 – ca. 530). Auch sie behauptet sich inmitten einer von Männern dominierten Gesellschaft, allerdings wählt sie den Weg des sanften Widerstands. Radegunde wird um das Jahr 520 geboren, über ihre Mutter wissen wir nichts, beide Eltern sterben vor 531. Das ungefähr 11jährige Mädchen wird mit mindestens zwei Brüdern am Hof ihres Onkels, dem Thüringer König Herminafried, erzogen. Hier dürfte sie eine sehr gute Ausbildung erhalten. Als im Jahr 531 bei der Schlacht an der Unstrut die Thüringer den Franken unterliegen (was zugleich das Ende des Thüringer Königreichs bedeutet), fällt sie gemeinsam mit zumindest einem ihrer Brüder in die Hände der Franken. Präzise ausgedrückt wird das Mädchen zur wertvollen Kriegsbeute König Chlothars I. (495–561), gerüchteweise soll er um sie gewürfelt haben. Aber Radegunde ist noch nicht im heiratsfähigen Alter, so lässt Chlothar sie erst einmal auf das Königsgut Athies bei Péronne an der Somme bringen und dort christlich erziehen. Radegunde lernt nun die lateinische Sprache, sie erhält also auch hier eine fundierte Ausbildung, wie sie hochrangigen weiblichen Kriegsgefangenen in dieser Zeit zusteht. Außerdem nimmt sie sich armer Kinder an, pflegt sie und sorgt für ihre Ernährung.

Wer nun glaubt, Radegunde habe, gemessen daran, dass sie eine Weise ist, die fernab ihrer Heimat leben muss, trotzdem noch das halbwegs große Los gezogen, der irrt. Denn König Chlothar ist alles andere als ein liebenswerter, mildtätiger Herrscher: Er heiratet nach dem Tod seines Bruders dessen Witwe, bringt zwei ihrer Kinder eigenhändig um, das dritte verfrachtet er ins Kloster, womit sich sämtliche Erbansprüche erledigt hätten. Davon abgesehen ist er im Laufe seines Lebens mehrfach verheiratet, bisweilen auch mit zwei Frauen gleichzeitig, Konkubinen gehören ohnehin zur Grundausstattung etlicher merowingischer Könige.

Während also Chlothar lebt, wie ein Herrscher seines Formats das eben macht, entwickelt Radegunde eine tiefe Religiosität. Und dann, im Jahr 540, entschließt sich Chlothar, seine inzwischen zu einer jungen Frau herangewachsene thüringische Kriegsbeute zu heiraten. Was die aber keineswegs möchte. Radegunde flieht, wird aber von Chlothars Männern ergriffen und zur Heirat gezwungen. Die Ehe bleibt kinderlos.

Insgesamt benimmt sich Radegunde – zumindest wohl aus Chlothars Sicht – in dieser Ehe reichlich bockig: Sie lebt asketisch, lehnt es ab, Fleisch zu essen, beschenkt die Armen, bittet ihren königlichen Ehemann um Begnadigung der zum Tode verurteilten Gefangenen. Und als wäre all das nicht schon genug, verbringt sie halbe Nächte im Gebet.

Die Hofleute machen sich schon über ihren König lustig, er habe eine Nonne zur Frau genommen, heißt es.

Als Chlothar um das Jahr 550 Radegundes Bruder ermorden lässt, der mit seinem Gefolge einen Aufstand gegen ihn anführt, verlässt sie ihn. Ob die Ehe je geschieden wird, ist nicht überliefert.

Sie flieht in das etwa hundert Kilometer von Paris entfernte Noyon, wo sie der dortige Bischof Medardus (von Noyon, 565–545) zur Diakonin weiht. Offenbar zögert Medardus etwas, schließlich ist Radegunde die Gattin Chlothars, und einem König entzieht man nicht mal eben so die Frau. Radegunde lebt aber zunächst nicht im Kloster, sondern auf einem Gut, das der König ihr bei der Hochzeit überlassen hatte. Chlothar versucht mehrfach, sie zur Rückkehr an den Hof zu bewegen, als er damit allerdings immer aufs Neue scheitert und sich schließlich der Bischof von Paris für die fromme Frau einsetzt, lenkt der König ein.

Radegunde gründet nun 557 auf ihrem Gut Saix bei Poitier das Nonnenkloster Sainte-Marie. Dort lebt sie mit 200 jungen Mitschwestern nach der strengen »regula ad virgines« des Caesarius von Arles (ca. 470–542), später wird dieser Verhaltenscodex durch die Benediktinerregel ersetzt. Hübsches Detail am Rande: Das Geld für den Klosterbau steuert Chlothar höchstpersönlich bei.

Ebenfalls mit Genehmigung ihres Mannes überschreibt Radegunde dem Kloster sämtliche Güter, die ihr als Königin gehören. Damit verfügt der Konvent nun über regelmäßige Einnahmen. Als Äbtissin setzt sie ihre und Chlothars Ziehtochter Agnes ein. Sie selber wählt das Leben einer einfachen Nonne und widmet sich unter anderem der Krankenpflege. Sie scheut sich auch nicht, Aussätzige zu pflegen, weshalb sie später unter anderem als Schutzpatronin gegen die Krätze verehrt wird.

Und doch bleibt Radegunde eine Adelige, die auch im Kloster ein recht standesgemäßes Leben führt. Sie hat einen eigenen Schlafraum und eine Magd. Und sie pflegt politische Freundschaften, insbesondere mit ihren vier Stiefsöhnen ist sie regelmäßig in Kontakt (*zu diesen Söhnen und*

Die hl. Radegunde, Illumination aus einer Handschrift des 11. Jahrhunderts, Bibliothèque municipale de Poitiers

ihren Frauen siehe auch den Abschnitt zu Fredegunde und Brunichild, S. 41). Ausschließlich im Dienst christlicher Nächstenliebe dürfte diese Korrespondenz aber nicht stehen: 561 stirbt ihr Mann Chlothar, unter den Söhnen brechen heftige Erbstreitigkeiten aus. In ihren Briefen versichert sie, dass sie für die Brüder bete, außerdem bittet sie, ganz Ordensschwester, die vier Streithähne darum, Frieden zu halten. Die Könige sichern ihr im Gegenzug für die Gebete den Fortbestand des Klosters zu und schicken ihr darüber hinaus diejenigen ihrer Töchter, die sie nicht gewinnbringend verheiraten können. Radegundes Kloster gilt als der bedeutendste Frauenkonvent seiner Zeit im Frankenreich.

Regen Kontakt pflegt sie außerdem zum Bischof und Geschichtsschreiber Gregor von Tours, der später auch ihre Beisetzung leiten wird. Mit Venantius Fortunatus, dem aus Italien stammenden Dichter und Bischof von Poitier (540–600/610), verbindet sie und ihre

Vom ursprünglichen Kloster ist heute so gut wie nichts mehr außer dem Namen erhalten: die Kirche Sainte-Radegonde, im Hintergrund die Kathedrale von Poitiers.

Ziehtochter Agnes eine enge Freundschaft. Venantius ist nicht nur häufiger Gast im Kloster, er schickt den beiden Frauen auch Blumen und widmet ihnen Gedichte. In seinem »Klagelied der Radegunde« (entstanden nach 587) schildert er den Untergang des Thüringer Reiches. Der Text wird als Beleg dafür angesehen, dass die Königstochter dieses schreckliche Ereignis ihrer Kindheit niemals überwunden hat. Als Hagiograph verfasst er später auch eine Lebensbeschreibung Radegundes.

(Vermutlich) um den Stellenwert ihres Klosters noch weiter zu steigern, bittet sie

Verehrung

Allein in Frankreich werden der hl. Radegunde 150 Kirchen geweiht, später folgen noch die Länder England, Österreich, Belgien, Italien, Kanada und die Republik Kongo.

Radegunde ist Patronin des Jesus Colleges in Cambridge. Ihre Grabstätte in Poitiers ist bis heute ein Wallfahrtsort.

außerdem den byzantinischen Kaiser Justinian I. (ca. 482–556) um eine Reliquie aus dem Heiligen Kreuz. Im Jahr 569 kommt Justin dieser Bitte tatsächlich nach und schickt einen Splitter aus jenem Kreuz, an dem Christus den Opfertod erlitten haben soll. Venantius dankt es ihm mit einem langen Lobgedicht auf das Kaiserpaar. Und Radegunde ändert den Namen ihres Marienklosters zur Abtei Sainte-Croix um (Abtei vom Heiligen Kreuz).

Im Jahr 587 stirbt die Ordensgeistliche mit über 60 Jahren und wird auf ihren eigenen Wunsch in der Grabkirche Sainte-Marie-hors-les-Murs des Heilig-Kreuz-Klosters bestattet, das schon bald zu Sainte-Radegonde umbenannt wird. Bereits kurz nach ihrem Tod wird sie als Heilige verehrt, ein Verfahren zur Heiligsprechung, wie wir es heute kennen, gibt es damals noch nicht.

Das Kloster wird viele Jahrhunderte hindurch bewohnt. Erst in der zweiten Hälfte des 20. Jahrhunderts verlassen die Nonnen das Stadtzentrum von Poitiers. Sie kaufen ein Landhaus der Jesuiten sieben Kilometer außerhalb der Stadt und beziehen im Jahr 1965 das neu errichtete Klostergebäude.

Die Universalgelehrte: Hildegard von Bingen

Mystikerin, Theologin, Schriftstellerin, Naturwissenschaftlerin. Es gibt viele Schubladen, in die man Hildegard von Bingen sortieren kann. Und jede passt für sie. Hildegard gilt als Universalgelehrte des Mittelalters. Daneben ist sie vermutlich eine der prominentesten Frauengestalten dieser Zeit. Und nicht nur das: Seit den 70er-Jahren des vergangenen Jahrhunderts erlebt sie auch in der alternativen Heilkunde unserer Zeit eine Renaissance. Hildegard-Kräuter, Hildegard-Cremes, Hildegard-Seifen, Hildegard-Duftsprays, Hildegard-Edelsteine ... Produkte unterschiedlicher Art schmücken sich mit dem Namen Hildegards von Bingen. Ob sich dahinter mehr verbirgt als eine geschickte Marketingstrategie, wird an späterer Stelle noch genauer besprochen. Nun aber erst einmal zur historischen Hildegard von Bingen:

EINE KINDHEIT FÜR DIE KIRCHE

Sie wird im Jahr 1098 als zehntes Kind der Edelfreien Hildebert und Mechthild aus Bermersheim vor der Höhe (in der Nähe von Worms/Rheinland-Pfalz) geboren und verbringt nahezu ihr gesamtes Leben im Kloster. Denn bereits mit sieben oder acht Jahren wird sie, sozusagen als lebender »Zehnt«, ins Kloster gegeben. Sie ist damit eine sogenannte Oblatin, ein Kind, das der Kirche von den Eltern übergeben wird und das zum klösterlichen Leben bestimmt ist. Gemeinsam mit ihrer acht Jahre älteren Verwandten Jutta von Sponheim (1092–1136), die bereits mit 14 ins Kloster eingetreten war, wird Hildegard zunächst von Uda von Gölheim erzogen. Ab dem Jahr 1112 lebt sie gemeinsam mit Jutta und einem dritten Mädchen in einem an das Kloster Di-

Natürlich keine wirklichkeitsgetreue Zeichnung: Hildegard von Bingen

Die Klause

So nennt man auch das Inklusorium, eine Wohneinheit für besonders asketisch und weltabgewandt lebende Mönche oder Nonnen. Oft ist es ein kleines Haus, das direkt an eine Kirche gebaut wird. Ein kleines Fenster – ein Mauerdurchbruch, der auch als »Hagioskop« bezeichnet wird – ermöglicht dem Inklusen/der Inkluse zum einen den Blick auf den Altar und damit auch die Teilhabe an der Messe. Außerdem kann er oder sie durch das Fenster auch die Kommunion empfangen und die Beichte ablegen. Auf der anderen Seite liegt ein weiteres Fenster. Es versorgt den Raum mit Luft und Licht, durch dieses zweite Fenster erhält der Bewohner aber auch alles Lebensnotwendige. Nicht selten tauchen übrigens Ratsuchende vor diesem Außenfenster auf, der oder die Einsiedler/in gibt ihnen so religiöse Unterweisung und Hilfestellung.

Besonders gemütlich sind diese Inklusorien übrigens nicht, bis zum Ende des 12. Jahrhunderts durften sie nicht einmal beheizt werden. Später war das zwar rein theoretisch erlaubt, da das Inklusorium aber direkt an das Kirchengebäude anschließt, in der Praxis kaum möglich.

sibodenberg angeschlossenen Inklusorium, die acht Jahre ältere Jutta wird ihre religiöse Lehrmeisterin. Ihre Profess legt Hildegard mit etwa fünfzehn Jahren nach der Benediktinerregel ab.

Wir machen einen Zeitsprung in das Jahr 1136, das Todesjahr Juttas von Sponheim. Aus der einstigen Klause ist mittlerweile ein Kloster geworden, Hildegard wird zur Magistra der Schülerinnen gewählt. Und sie beginnt, sich mit Abt Kuno von Disibodenberg anzulegen, erstaunlich genug für eine Frau, die fernab der Welt aufgewachsen ist. Aber dieses Selbstbewusstsein wird während ihres gesamten Lebens typisch für Hildegard sein. Hier, im Kloster, lockert sie zunächst einmal die streng asketischen Speisebestimmungen und verkürzt die noch von Jutta von Sponheim festgelegten sehr langen Zeiten für Gebet und Gottesdienst.

DIE VISIONÄRIN

Nach eigenen Angaben hat Hildegard bereits seit ihrer Kindheit göttliche Visionen, die sie aber für sich behält, wie sie später schreibt:

»Die Kraft und das Mysterium verborgener, wunderbarer Gesichte erfuhr ich geheimnisvoll in meinem Innern seit meinem Kindesalter, d. h. seit meinem fünften Lebensjahr, so wie auch heute noch. Doch tat ich es keinem Menschen kund, außer einigen wenigen (…).[1]«

Nun aber, im Jahr 1141, Hildegard ist inzwischen 43 Jahre alt, »kam ein feuriges Licht mit Blitzesleuchten vom offenen Himmel hernieder. Es durchströmte mein Gehirn und durchglühte mir Herz und Brust gleich einer Flamme, die jedoch nicht brannte, sondern wärmte. Nun erschloss sich mir plötzlich der Sinn der Schriften, des Psalters, des Evangeliums und der übrigen katholischen Bücher des Alten und Neuen Testaments.«[2] Sie wird, wie sie schreibt, zur Prophetin berufen: »Ich sah einen sehr großen Glanz. Eine himmlische Stimme erscholl daraus. Sie sprach zu mir: ›Gebrechlicher Mensch. Asche von Asche, Moder von Moder, sage und schreibe, was du siehst und hörst.‹«[3]

Aber Hildegard scheut sich noch immer, ihre Visionen anderen mitzuteilen. Daraufhin wird sie krank, und erholt sich erst wieder, als sie sich dem göttlichen Gebot fügt.

«———————————— EXKURS ————————————»

Realität oder Einbildung?

Bei dieser Gelegenheit eine Anmerkung zur Frage nach dem Wirklichkeitswert solcher göttlichen Offenbarungen: Die Frage, ob Hildegard (wie durch die Jahrhunderte vor und nach ihr auch viele andere Menschen) tatsächlich göttliche Visionen hatte oder ob es sich dabei nur um Einbildungen oder Autosuggestionen

---

1   Dieses und die folgenden ins Deutsche übersetzten Originalzitate Hildegards von Bingen habe ich übernommen aus: Peter Dinzelbacher: Christliche Mystik im Abendland. 1994, S. 145. Dort finden sich auch die jeweiligen Angaben zu den Editionen der Werke Hildegards, aus denen die Zitate stammen.

2   Ebd. S. 145

3   Ebd. S. 145

handelt, möchte ich hier nicht erörtern. Natürlich gibt es auch im Falle Hildegards von Bingen verschiedene wissenschaftliche Erklärungsansätze für ihre Visionen. So ist unter anderem die Vermutung angestellt worden, sie habe unter einer schweren Form der Migräne gelitten. Die Lichterscheinungen, von denen sie immer wieder schreibt, könnten als eine für diese Migräne typische Aura gedeutet werden, also eine meist visuelle Wahrnehmungsstörung, die den Kopfschmerzen vorangehen kann. Ich möchte aber in diesem Buch Hildegard von Bingen aus ihrer Zeit heraus porträtieren. Und sie selber hat, genauso wie ihr gesamtes Umfeld, ihre Visionen für wahr gehalten. Die medizinische oder psychologische Untersuchung derartiger Phänomene überlasse ich den entsprechenden Fachleuten.

Von nun an beginnt Hildegard damit, von ihren Offenbarungen zu erzählen. Außerdem arbeitet sie sie schriftlich aus. Da sie selber allerdings nicht über ausreichend Lateinkenntnisse verfügt, lässt sie die Texte von ihrem Schreiber korrigieren.

Ihre Offenbarungen werden einer gründlichen kirchlichen Prüfung unterzogen. Zuerst lesen ihr Beichtvater Volmar und Abt Kuno ihre Schriften, danach werden sie Erzbischof Heinrich von Mainz übergeben. Schließlich reist im Jahr 1147 Papst Eugen III. (1080–1153) zu einer Synode nach Trier, und man »hielt es für gut, die Angelegenheit Hildegards dem Papst zu unterbreiten, um durch seine Autorität zu erfahren, was anzunehmen und was zu verwerfen sei. Der Papst hörte mit großer Ehrfurcht und voller Staunen diese Neuigkeit, und da er wußte, daß bei Gott alles möglich ist, beschloß er, der Sache genau auf den Grund zu gehen.«[1]

Die Prüfung ergibt, dass die Offenbarungen echt sind, Papst Eugen liest sogar selber den Geistlichen aus Hildegards Hauptwerk »Scivias« (Wisse die Wege) vor, einem Werk, das innerhalb eines Zeitraums von sechs Jahren entstanden ist. Und er ermutigt sie, in ihrem Schreiben fortzufahren.

Und nun, möglicherweise durch die offizielle Anerkennung seitens des Papstes, kann sie auch ihren früheren Plan endlich umsetzen: Zwischen 1147 und 1150 gründet sie das Kloster Rupertsberg, gelegen auf dem gleichnamigen Rupertsberg im heutigen Bingen, das

---

1   Ebd. S. 145

in den folgenden Jahren zu beachtlichem Reichtum gelangt. Einem Reichtum, den man ihr durchaus auch verübelt. Denn zum einen leben ihre Nonnen in Luxus, was dem Armutsgebot des Evangeliums zuwiderläuft. Zum anderen finden ausschließlich Frauen aus dem Adel Aufnahme in das Kloster. Hildegard, ganz standesbewusste Adelige, verteidigt das zwar. Als aber die Zahl der Nonnen immer weiter zunimmt, erwirbt sie 1165 auch noch das leerstehende Augustinerkloster in Eibingen. Sie gründet hier ein Tochterkloster, in das nun auch nicht-adelige Frauen aufgenommen werden.

Vor allem aber darf sie nun, durch die Anerkennung ihrer Sehergabe, etwas tun, was keiner Benediktinerin sonst erlaubt ist: Sie darf reisen. Normalerweise gilt für Geistliche

Die kurze Geschichte eines berühmten Klosters

Das Kloster Rupertsberg wird im Jahr 1150 durch Hildegard von Bingen gegründet. Im Skriptorium der Anlage entstehen auch die meisten ihrer Schriften. Die Zeit, in der Hildegard und ihre Nonnen hier leben, ist auch die beste des Klosters selber. Bereits mit Hildegards Tod im Jahr 1179 verliert der Rupertsberg an Glanz. Der Dreißigjährige Krieg, genauer: die Schweden beenden

Die Ruine des Klosters Rupertsberg

die Geschichte des Klostergebäudes im Jahr 1632 ein- für allemal. Von nun an dient es als landwirtschaftliches Gut des zweiten von Hildegard gegründeten Klosters Eibingen. Hierhin fliehen auch die letzten Nonnen vom Rupertsberg und nehmen Hildegards Schriften, ihre Gebeine und andere wertvolle Reliquien mit sich.

Im Jahr 1857 schließlich muss auch das, was vom Kloster noch übriggeblieben ist, dem Bau der Nahetal-Eisenbahn weichen. Heute sind lediglich fünf Arkadenböden erhalten, sie gehören zu einem Komplex von Gewölbekellern aus der Zeit vom 17. bis zum 19. Jahrhundert.

des Benediktinerordens die »stabilitas loci«, die Ortsbeständigkeit, und damit verbunden das Verbot, den klösterlichen Klausurbereich zu verlassen.

Und noch etwas kann sie jetzt: ein Gebot des Apostels Paulus ignorieren, das uns im ersten Korintherbrief überliefert ist:

> »Wie es bei allen christlichen Gemeinden üblich ist, sollen die Frauen in euren Versammlungen schweigen. Sie dürfen nicht lehren, sondern sollen sich unterordnen (...).« (1. Kor. 14,33–34)

Weder schweigt Hildegard, noch verzichtet sie darauf zu lehren. Ganz im Gegenteil reist sie nun quer durch Deutschland und predigt in verschiedenen Klöstern. Der Historiker Peter Dinzelbacher verweist in diesem Zusammenhang darauf, dass es im 12. Jahrhundert bei Frauen normalerweise als untrügliches Zeichen für die Zugehörigkeit zu einer Sekte galt, wenn sie öffentlich predigten. Nicht so bei Hildegard von Bingen.

Auch mit der Unterordnung nimmt sie es nicht ganz so wörtlich, wie Paulus es gerne gehabt hätte. Ganz im Gegenteil setzt sie sich jetzt endlich gegen Abt Kuno vom Disibodenberg durch und gründet ihr eigenes Kloster (siehe oben). Und als im Jahr 1151 der Mainzer Erzbischof Heinrich und sein Bremer Amtsbruder Hartwig von Stade verlangen, dass Richardis von Stade (evtl. 1124–1152, die Schwester des Bremer Erzbischofs und Hildegards vertrauteste Mitarbeiterin) das Kloster am Rupertsberg verlassen solle, um Äbtissin in einem anderen Kloster zu werden, weigert Hildegard sich, sie freizustellen. Sie wendet sich sogar an Papst Eugen. Dieses Mal hat sie allerdings keinen Erfolg, Richardis muss schließlich gehen.

Auch zu kirchenpolitischen Problemen äußert sie sich und gibt Ratschläge, meist in Briefform. Allerdings handelt es sich (so zumindest stellt sie es dar) dabei nie um ihre eigene, persönliche Meinung, sie gibt nur wieder, was sie in ihren göttlichen Offenbarungen erfahren hat. Sie ist eine Art Sprachrohr Gottes. Als solches hat Hildegard allerdings Kontakt zu den höchsten weltlichen und geistlichen Würdenträgern. Ihr Briefkorpus umfasst ungefähr 400 Schreiben, zu ihren Adressaten gehören die Päpste Eugen III., Anastasius IV., Hadrian IV. und Alexander III., die Erzbischöfe von Köln, Salzburg, Trier und Mainz sowie König Heinrich II. von England und König Konrad III. Mit Kaiser Friedrich Barbarossa (1122–1190) trifft sie sich sogar zu einem persönlichen Gespräch. Darüber hinaus kommen aber auch Laien und einfache Menschen aus dem Volk zu ihr und suchen ihren Rat.

Anders als fast alle anderen Mystiker und Mystikerinnen erfährt Hildegard ihre Offenbarungen als eine Form von Erscheinungen, ohne dass sie dabei in Trance oder Katalepsie (Erstarrung) verfällt. Ihr Wachbewusstsein wird offenbar nie ausgeschaltet. Aber auch sie erlebt Visionen. In ihrer eigenen Darstellung klingt das so: »Meine Seele steigt, wie Gott will, in dieser Schau bis in die Höhe des Firmaments und die verschiedenen Sphären empor und hält sich bei den verschiedenen Völkern auf, obgleich sie in fernen Gegenden und Orten weit von mir entfernt sind.« Sie nehme es »(...) einzig in meiner Seele« wahr, »mit offenen Augen, so daß ich niemals die Bewußtlosigkeit einer Ekstase erleide, sondern wachend schaue ich dies bei Tag und Nacht.«[1]

So beeindruckend wie ihr Leben wird auch ihr Sterben überliefert. Allerdings bewegen wir uns hier schon deutlich im Bereich der Legende: Als Hildegard 81 Jahre alt ist, kündigt Gott ihr in einer Vision ihren Tod an. Am 17. September des Jahres 1179 stirbt sie in ihrem Kloster Rupertsberg. Aber auch damit ist ihr Wirken noch nicht beendet. Denn nach ihrem Tod erstrahlt tagelang ein helles Licht über ihrem Grab. Außerdem geschehen zahlreiche Wunderheilungen. Die lösen allerdings einen wahren Pilgerstrom zum Rupertskloster aus, was die Nonnen in ihrer Ruhe doch sehr stört. Sie bitten den Erzbischof von Mainz um Hilfe, und der spricht nun an Hildegards Grab ein Machtwort: Schluss mit den Wunderheilungen!

Was zu Lebzeiten nicht so einfach zu erreichen war, geschieht nun: Die einst so selbstbewusste und auch streitbare Frau gehorcht. Gut möglich, dass mit dieser Legende das Mann-Frau-Verhältnis des Mittelalters wenigstens nachträglich noch in die richtige Ordnung gerückt werden soll.

(AUSBLEIBENDE) EHRUNGEN

Anders als man meinen möchte, wurde Hildegard von Bingen bislang übrigens nicht heiliggesprochen. Immerhin schrieb Papst Benedikt XVI. sie am 10. Mai 2012 in das Verzeichnis der Heiligen ein und erhob sie am 7. Oktober desselben Jahres als eine von insgesamt vier(!) Frauen in den Rang einer Kirchenlehrerin, eine Heiligsprechung ist beides allerdings noch nicht.

---

[1]   Ebd. S. 148

Der Reliquienschrein Hildegards von Bingen, 1929

Davor scheut die katholische Kirche seit Jahrhunderten zurück. Möglicherweise ist diese Frau einigen Herren zu Lebzeiten doch zu renitent gewesen.

Aber: Hildegard von Bingen hat einen Gedenktag, und den auch in der evangelischen Kirche, die ja keine Heiligenverehrung kennt. Es ist der 17. September. Papst Franziskus nahm diesen Tag im Jahr 2021 sogar in den römischen Generalkalender auf.

Ihre Reliquien befinden sich seit dem Jahr 1641 in der Kirche des alten Klosters Eibingen in der Stadt Rüdesheim.

WERKE UND MEHR

Hildegards Werk lässt sich in drei Kategorien einteilen: Da gibt es einmal die theologisch-philosophischen Schriften. Zu ihnen zählen unter anderem das Hauptwerk »Scivias« (Wisse die Wege), das »Liber vitae meritorum (Buch der Lebensverdienste) und das »liber divinorum operum« (Buch der göttlichen Werke). Sie alle gründen sich ihrer Autorin zufolge, wie bereits erwähnt, auf göttlichen Erscheinungen und geben nicht die Meinung einer, wie sie gerne betont, ungebildeten Frau wieder. Daneben verfasst Hildegard zwei natur- und heilkundliche Werke, was ihr später die Bezeichnung als »Deutschlands erste schriftstellernde Ärztin« einbringen wird.

Und schließlich ist noch die »Symphonia armonie celestium relevationum«, die Symphonie der Harmonie der himmlischen Erscheinungen überliefert. Die Sammlung enthält 77 liturgische Gesänge und das in Text und musikalischer Notation erhaltene Drama »Ordo virtutum«. Hildegard von Bingen ist also nicht nur Philosophin, Theologin und Autorin, sondern darüber hinaus auch Komponistin. Innerhalb der Gregorianik würde, so die Meinung der Musikwissenschaft, ihre Musik eine Sonderstellung einnehmen. Begründet wird das mit musikwissenschaftlichen Analysen, die nur versteht, wer sich in Harmonielehre auskennt. Da diese Disziplin aber nicht einmal unter Musikwissenschaftlern eine große Fangemeinde verzeichnen kann, sparen wir uns hier die genauen Details.

UMSTRITTEN UND GEFRAGT: MEDIZIN NACH HILDEGARD VON BINGEN

Die einen lieben sie und schwören auf ihre Wirkung, für die anderen ist sie wissenschaftlich nicht haltbarer Hokuspokus: die Heilkunde der Hildegard von Bingen. Beziehungsweise das, was als solche ausgegeben wird. Ob Kräutersalz nach Hildegard, Hautcreme oder Tinkturen, der – um es mit einem Modewort zu bezeichnen – Hype um die Medizin a la Hildegard reißt nicht ab. Jeder etwas besser sortierte Drogeriemarkt führt mittlerweile Produkte, auf denen der Name »Hildegard von Bingen« prangt, als handle es sich dabei um ein besonderes Gütesiegel. Was ja damit auch versprochen wird: Altes Klosterwissen steht hoch im Kurs.

Und tatsächlich spricht nichts gegen die Kräuterheilkunde. Solange man sie nicht absolut setzt, sondern, je nach Beschwerdebild, vorwiegend als Ergänzung betrachtet und nur dort als einziges Mittel verwendet, wo keine weiteren Medikamente nötig sind.

Insgesamt stehen wir aber, was die Medizin nach Hildegard betrifft, vor ein paar Problemen: Die Mittel oder Therapiemethoden finden sich in »Causae et Curae« (Ursachen und Behandlungen) und der »Physica«, einem Werk, das im ursprünglichen Titel »Liber subtilitatum diversarum naturarum creaturarum« (Buch von den Feinheiten der verschiedenen Naturen der Geschöpfe) heißt. Die Originalhandschriften beider Bücher sind allerdings verlorengegangen. Wir besitzen heute nur noch Abschriften aus dem 13. bis 15. Jahrhundert, und man nimmt an, dass die Texte nicht vollständig von Hildegard stammen. Andere Schreiber haben möglicherweise Textpassagen ausgelassen und neue, eigene ergänzt.

Die »Hildegard-Medizin« im engeren Sinne geht auf den österreichischen Arzt Gottfried Hertzka (1913–1997) zurück. Seine Therapien basieren aber auf fehlerhaften Übersetzungen der Texte statt auf der wissenschaftlichen Gesamtausgabe der Medizinhistoriker Heinrich Schipperges und Peter Riethes. Das Urteil Schipperges zu Hertzkas »Hildegard-Medizin« fällt regelrecht vernichtend aus: »Die Versuche jedoch, eine durchaus berechtigte Naturheilkunde unter dem Namen ›Hildegard-Medizin‹ in die ärztliche Praxis und den Bereich der Apotheke zu bringen, entbehren jeder wissenschaftlichen Grundlage.«[1]

Auch aus medizinischer Sicht werden deutliche Bedenken geäußert: Zum einen würden die Behandlungsmethoden dem Denken und Wissen des Mittelalters entstammen *(siehe dazu auch die Vier-Säfte-Lehre S. 24),* und das gelte als längst überholt. Insbesondere der Aderlass, bis ins 18. Jahrhundert ein gängiges Verfahren gegen allerhand Beschwerden, wird heute nur noch bei sehr wenigen Krankheitsbildern empfohlen. Außerdem könne man die Begriffe für Krankheiten und für Heilmittel, wie sie sich bei Hildegard finden, nicht in unsere Gegenwart übertragen. Nicht alle empfohlenen Heilpflanzen ließen sich heute einwandfrei identifizieren, Dosierungsangaben seien in den überlieferten Handschriften oft sehr ungenau.

Unabhängig von allen Marketingstrategien unserer Gegenwart leistet Hildegard in ihren beiden naturwissenschaftlichen Werken dennoch für ihre Zeit Beachtliches. Sie führt das Wissen über Krankheiten und Pflanzen aus der griechisch-römischen Tradition mit der Volksmedizin zusammen und nutzt dabei die deutschen Kräuternamen. Eigene medizinische Verfahren entwickelt sie übrigens nicht.

Wer es bei Alltagsbeschwerden mit Kräutermischungen à la Hildegard von Bingen probieren möchte, der darf allerdings einen ganz wesentlichen Aspekt nicht außer Acht lassen: Die mittelalterliche Ordensfrau setzt bei der Heilung vor allem auf die Hinwendung zum Glauben. Er allein könne gute Werke und eine maßvolle Lebensordnung hervorbringen.

---

1   Schipperges, zitiert nach Wikipedia

Wenn die Augen tränen

Hier nun doch eine kleine Kostprobe aus Hildegards medizinischen Anleitungen:

Tränende Augen können ziemlich lästig sein. Wer Abhilfe sucht, der soll ein Feigenblatt pflücken, das in der Nacht vom Tau gründlich benetzt worden ist, allerdings erst, wenn die Sonne es an seinem Zweig bereits erwärmt hat. Noch warm auf die Augen legen, und Schluss ist mit dem Tränen.

Vorausgesetzt natürlich, man hat einen Feigenbaum in der Nähe. Sollte das noch nicht der Fall sein: Auf in den Gartenhandel!

Stichwort »maßvoll«: So ist etwa fettes Essen in Kombination mit Völlerei Hildegard zufolge eine Ursache für eine große Anzahl an Krankheiten. Damit hat sie definitiv recht. Aber um zu dieser Erkenntnis zu gelangen, muss man keine mittelalterliche Heilkunde lesen.

Skepsis ist geboten bei Kochbüchern mit Rezepten Hildegards. Denn in ihren Schriften finden sich schlicht keine Koch- oder Backanleitungen. Regelrecht absurd wird es bei Säften aus der Aroniabeere »in der Tradition Hildegards«. Diese Beere stammt aus Amerika, und das ist zur Zeit Hildegards bekanntlich noch gar nicht entdeckt.

Und auch von einigen Pflanzen, die aus ihren Werken überliefert sind, sollte man tunlichst die Finger lassen. Bei Epilepsie, so der 2019 verstorbene Medizinhistoriker Johannes Mayer, ehemaliger Leiter der Forschungsgruppe Klostermedizin an der Universität Würzburg, rät sie dazu, eine Handvoll Maiglöckchen zu essen. Geht überhaupt nicht, meint Mayer. Man würde sich mit dieser Medikation schlicht vergiften.

Problemlos und sogar hilfreich seien dagegen die von ihr empfohlenen Behandlungen mit Ringelblumen (als Salbe) sowie Fenchel (bei Husten) oder mit der Bertramswurzel (verdauungsregulierend). Und sogar asiatische Gewürze erwähnt sie schon, darunter Ingwer, Muskatnuss und Galgant.

Insgesamt kommt Mayer allerdings zu dem Resümee, dass es neben den auch aus heutiger Sicht wirksamen und sinnvollen Pflanzen und Kräutern solche gibt, die im besten Fall gar nicht wirken, im schlechteren eine Menge Schaden anrichten können.[1]

---

[1] Die Aussagen von J.G. Mayer entstammen dem Artikel der Online-Plattform www.katholisch.de

Hildegard, wohin man sieht

Nicht nur die christlichen Kirchen halten sie in Ehren. Ihr Name ziert auch sonst so einiges. Hier eine kleine Auswahl:

Die Sonderbriefmarke aus dem Jahr 1998 zum 900. Geburtstag zeigt Hildegards Vision vom Lebenskreis.

- Versteht sich von selbst: Zahlreiche Kirchen sind der heiligen Hildegard gewidmet.
- Sie ist Namensgeberin etlicher Hildegard-von-Bingen-Schulen.
- Man hat nach ihr die Pflanzengattung Hildegardia aus der Familie der Malvengewächse benannt.
- Es gibt einen Hildegard-von-Bingen-Preis für Publizistik.
- Auch die IAU (Internationale Astronomische Union) liebt Hildegard und hat im Jahr 2016 einem Mondkrater(!) ihren Namen gegeben.
- Und als kleiner Urlaubstipp: Wer einmal nach Reith im Alpbachtal in Tirol kommt, der sollte sich den »Hildegard-Garten« nicht entgehen lassen, einen Naturgarten mit von ihr gerne verwendeten Kräutern und Gewürzen.

Und zum Schluss noch eine allgemeine Anmerkung zu den vielen mit dem Namen »Hildegard von Bingen« etikettierten Produkten: Im 12. Jahrhundert gibt es kein Copyright. Wer also Hildegards Namen auf eine Tinktur setzen möchte, kann das tun. Niemand überprüft, ob man die Rezeptur bei ihr tatsächlich findet. Und sollte sie frei erfunden sein, dann gibt es niemanden, der im Namen Hildegards dagegen klagen könnte. Der Vermarktung stehen also sämtliche Türen sehr weit offen.

Marguerite Porete

Unbeugsam. Mit diesem Wort könnte man die Mystikerin Marguerite Porete aus dem 13/14. Jahrhundert wohl am besten beschreiben. Und zwar unbeugsam bis zur letzten Konsequenz. Viel wissen wir über ihr Leben nicht, und das Wenige, was wir kennen, können wir zum einen den spärlichen autobiographischen Hinweisen ihres Werks entnehmen, zum anderen stammt es aus den unvollständig überlieferten Inquisitionsakten. Inquisition – damit wäre das Ende schon vorweggenommen, ein tragisches Ende. Aber wie kommt es dazu?

Marguerite stammt aus der belgischen Provinz Hennegau, so viel wissen wir sicher. Und dann beginnen schon die biographischen Ungenauigkeiten: Wahrscheinlich ist sie aus der Stadt Valenciennes und ebenso wahrscheinlich wird sie zwischen 1250 und 1260 geboren, und zwar vermutlich in einer Familie der Oberschicht. Letzteres gilt schon als etwas sicherer, denn sie verfügt über sehr gute theologische Kenntnisse, und da die entsprechenden Bildungseinrichtungen Frauen nicht offenstanden, dürfte sie Privatunterricht bekommen haben.

> Unter »christlicher Mystik« versteht man die Erfahrung einer Einswerdung mit Gott (unio mystica) noch zu Lebzeiten. Allen Mystikern gemeinsam ist die Erfahrung einer unmittelbaren Gottesnähe.

Sie schließt sich der Beginenbewegung an. Nicht der genaue Zeitpunkt, aber dass sie es tut, ist belegt. Allerdings sind ihr in diesem Modus des Zusammenlebens einige Dinge zu starr fixiert, das, so meint sie, schade ihrer Spiritualität. Deshalb verlässt sie den Beginenkonvent wieder (wann, wissen wir natürlich nicht) und lebt von nun an alleine, allerdings nach wie vor als Begine.

Vermutlich noch vor Ende des 13. Jahrhunderts schreibt sie ihr Buch »Le Mirouer des simples ames anienties« (Spiegel der einfachen zunichte gewordenen Seelen – das Wort »Spiegel« trägt hier die Bedeutung von »Lehrbuch«). Ein Buch zu schreiben ist Frauen zwar ganz grundsätzlich erlaubt. Aber zum einen dürfen sie nur andere Frauen belehren, keineswegs öffentlich unterrichten. Das hatte, wie bereits in der Lebensgeschichte Hildegards von Bingen beschrieben *(siehe dazu S. 92)*, der Apostel Paulus ausdrücklich verboten. Ausnahme: Sie haben ihre Lehren unmittelbar von Gott als Eingebung erhalten, was aber von oberer kirchlicher Stelle – und damit von Männern – bestätigt werden muss (zu dieser Möglichkeit finden wir bei Paulus allerdings nichts). Hildegard von Bingen hatte diese Erlaubnis erhalten. Marguerite dagegen hält ihre Erkenntnisse zwar auch für göttlich inspiriert, allerdings beruft sie sich dabei nicht auf eine Vision. Und sie zitiert auch keine kirchliche Autorität, sondern lediglich die Bibel.

Auch das, was sie schreibt, kann schon das Missfallen des einen oder anderen Klerikers hervorrufen: Sie hält sich selbst für eine Seelenführerin. Die zunichte- und damit nach ihrem Verständnis: die freigewordene Seele bedürfe nicht mehr der kirchlichen Gnadenmittel. Mit der »zunichtegewordenen« Seele meint sie die Seele, deren Wille sich nicht mehr vom Willen Gottes unterscheidet. Diese Seele gilt für sie als besonders weit entwickelt.

Wie nicht anders zu erwarten, verbietet der Bischof von Cambrai, Guy II. von Colmieu († 1306), die Verbreitung des Buches und ordnet dessen öffentliche Verbrennung an. Marguerite zeigt sich von diesen Maßnahmen allerdings herzlich unbeeindruckt. Sie erstellt eine neue, überarbeitete Version des »Spiegels«, aus der sie die angeprangerten Textpassagen aber keineswegs entfernt, und empfiehlt ihr Werk anderen hohen Geistlichen. Und das, obwohl ihr der Bischof

»Die Frauen sollen still zuhören und das Gehörte in sich aufnehmen; sie müssen sich völlig unterordnen. Ich lasse nicht zu, dass sie vor der Gemeinde sprechen oder sich über die Männer erheben. Sie sollen sich ruhig und still verhalten.«
(1. Tim 2, 11–12)

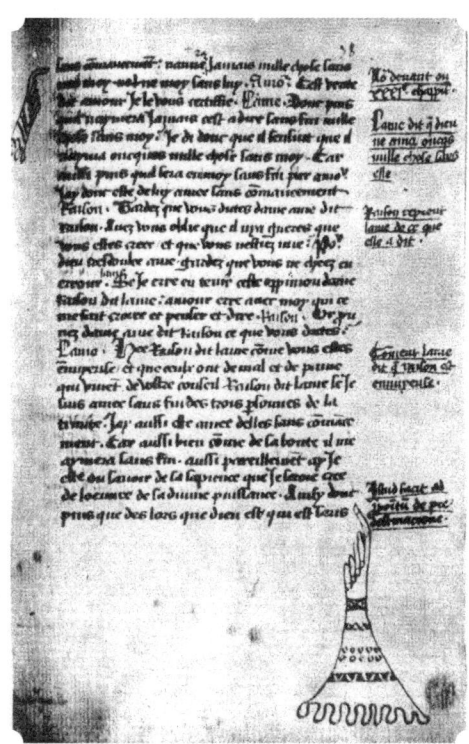

Der Stein des Anstoßes: Auszug aus einer englischen Handschrift des »Spiegels«

von Cambrai die Exkommunikation und ein Häresieverfahren angedroht hatte, sollte sie gegen sein Verbot verstoßen. Stattdessen verweist sie auf drei theologische Stellungnahmen, die sie eingeholt habe und die ihr bestätigen, dass ihr Buch sich durchaus an die kirchliche Lehre halte. Unter ihren Fürsprechern ist auch der anerkannte Theologe Gottfried von Fontaines (vor 1250 – nach 1305), der sich darüber hinaus mit den Werken Hildegards von Bingen beschäftigt.

Das aber nützt ihr gar nichts. Guys II. Nachfolger im Amt als Bischof von Cambrai, Philippe von Marigny († 1316), und der Provinzialinquisitor von Lothringen laden sie zum Verhör, und der Bischof von Cambrai übergibt ihren Fall dem Generalinquisitor für Frankreich, Wilhelm von Paris († 1314). Der zitiert sie zu sich, aber die renitente Begine weigert sich schlicht zu erscheinen. Das Spiel wiederholt sich nun noch mehrfach, bis es Wilhelm im Jahr 1308 reicht und er sie festnehmen, zwangsweise vorführen und einkerkern lässt. Der Generalinquisitor ruft ein Gremium aus 21 Theologen zusammen, sie sollen fünfzehn Textabschnitte aus dem »Spiegel« darauf hin untersuchen, ob sie tatsächlich häresieverdächtig sind. Allein die Anzahl an Theologen zeigt schon, wie ernst man die Gedankenwelt Marguerites nimmt. Am 11. April 1309 kommen die Herren Gutachter zu dem Ergebnis, das Buch enthalte eindeutig häretische Gedanken. Anscheinend ist Marguerite zu diesem Zeitpunkt bereits exkommuniziert. Aber sie denkt gar nicht daran, den Inhalt ihrer Schrift zu widerrufen.

Der Generalinquisitor sieht sich also gezwungen, das Verfahren fortzusetzen, nun allerdings mit einem etwas anders zusammengesetzten Gremium. Statt der ursprünglich 21 sind es jetzt nur noch 11 Theologen, dafür kommen aber fünf Kirchenrechtler hinzu. Die 11 Theologen werfen das Handtuch, übrig bleiben nur die fünf Kirchenrechtler. Sie treffen sich am 3. April 1310 und halten schriftlich fest, dass Marguerite sich weigert, sich vor der Inquisition vereidigen zu lassen. Außerdem denkt sie gar nicht daran, zu den Anklagepunkten Stellung zu nehmen. Sie widerruft auch nicht, sondern sie – schweigt. Damit entspricht ihr Verhalten genau dem, was sie in ihrem Buch schreibt: Eine freie Seele sei nicht anzutreffen, wenn man sie vorlade, »ihre Feinde erhalten keinerlei Antwort von ihr«. Es kommt, wie es kommen muss: Marguerite wird zum Tod verurteilt. Man bietet ihr aber nach wie vor die Möglichkeit, alles zu bereuen. Dann werde das Todesurteil zu lebenslanger Kerkerhaft gemildert. Aber sie bereut nichts.

Der Schuldspruch wird am 31. Mai 1310 öffentlich verkündet. Allerdings darf die Kirche nach ihrem Selbstverständnis kein Blut vergießen. Die Inquisition überantwortet den Fall der Marguerite Porete dem weltlichen Arm. Am 1. Juni 1310 wird sie auf dem Place de Grève in Paris auf dem Scheiterhaufen verbrannt. Marguerite legt kein Schuldbekenntnis ab, damit erhält sie auch keine Absolution, sondern stirbt als Exkommunizierte.

Interessant ist in diesem Zusammenhang übrigens, dass eine andere Mystikerin, Angela von Foligno (1248–1309), ungefähr zur selben Zeit in Umbrien/Italien Äußerungen verbreitet, gegen die diejenigen Marguerites »unbedenkliche Formulierungen« seien. Auch Angelas Werke durchlaufen eine theologische Prüfung, werden aber als göttlich inspiriert eingestuft. Angela wird im Jahr 1693 selig- und im Jahr 2013 heiliggesprochen.[1]

Marguerite Poretes Werk überlebt ihre Autorin noch lange, wenn auch anonym und nicht in der originalen Version. Aber bis ins 17. Jahrhundert sind insgesamt 13 Textzeugen in vier Sprachen überliefert. Das Werk polarisiert weiter durch die Jahrhunderte, die einen lieben es, die andern halten es für eine gefährliche Ketzerschrift.

Katharina von Siena

Heiraten will sie auf gar keinen Fall! Glaubt man ihrem Biographen und Beichtvater Raimund von Capua (ca. 1330–1399), dann soll Caterina Benincasa, die später als Katharina von Siena bekannt wird, bereits mit sieben Jahren der Gottesmutter ewige Jungfräulichkeit gelobt haben. Und was einmal gelobt wird, daran muss man beziehungsweise frau sich auch halten.

Katharina kommt im Jahr 1347 als das zweijüngste von insgesamt 25 Kindern des Ehepaares Benincasa zur Welt. Die Familie gehört zwar zum Adel, ist jedoch verarmt, der Vater verdient den Lebensunterhalt als Wollfärber. Es wundert also kaum, dass Katharina in ihrer Kindheit so gut wie keine Ausbildung erhält. Ein Jahr, bevor sie ihre Jungfräulichkeit verspricht, erlebt sie ihre erste Vision: Über dem Dach der Dominikanerkirche erscheint ein

---

[1] Siehe hierzu Dinzelbacher: Heilige oder Hexen? S. 61f. Wer mehr über die Willkür erfahren möchte, nach der Frauen für dieselben Phänomene entweder heiliggesprochen wurden oder auf dem Scheiterhaufen endeten, der findet in diesem Buch zahlreiche Beispiele.

Dritte Orden

Darunter versteht man religiöse Gemeinschaften, denen sich vor allem Laien anschließen. Wer sich für ein Leben als Terziar entscheidet, der oder die trifft damit zugleich die Wahl für einen bestimmten Orden innerhalb der katholischen Kirche (etwa den der Franziskaner, der Dominikaner oder der Prämonstratenser). Die Laiengeistlichen bilden zusammen mit den in klösterlicher Gemeinschaft lebenden Ordensmännern oder -frauen die jeweilige Ordensfamilie. Dabei findet man zwei Formen von Drittordensgemeinschaften:

• Die Mitglieder der »regulierten dritten Orden« leben selber in klosterähnlichen Gemeinschaften.

• In der anderen Form der dritten Orden führen die Mitglieder ein weltliches Leben, entweder alleine oder auch in einer Familie. Sie orientieren sich in ihrem Lebenswandel an der Spiritualität der jeweiligen Ordensregel und legen nach einer Probezeit ein Versprechen auf Lebenszeit ab.

Die Möglichkeit, sich einem Drittorden anzuschließen, besteht bis heute. Zu den berühmtesten Mitgliedern in der Vergangenheit gehören der französische König Ludwig IX. (auch »Ludwig der Heilige« genannt) aus dem 13. Jahrhundert und Kaiser Karl IV. (14. Jh.).

wunderschönes, mit königlicher Pracht ausgeschmücktes Brautgemach. Hier sitzt auf einem Thron Jesus, gekleidet wie ein Bischof, ihm zur Seite die Apostel Petrus und Paulus und der Evangelist Johannes. Eigentlich ein schönes Bild, aber Katharina veranlasst es dazu, sich von nun an selbst zu geißeln, zu beten und fast nichts mehr zu essen. Passend zur Unberührtheit, die sie sich unter allen Umständen bewahren möchte, weigert sie sich zu heiraten. Und um zu zeigen, dass es ihr damit ernst ist, vernachlässigt sie ihr Äußeres. Kein Mann soll sie attraktiv finden. Sie bezieht eine Zelle in ihrem Elternhaus und verbringt ihre Zeit weiterhin mit Gebeten und Bußübungen. Seit dieser ersten Vision ist sie Tertiarerin (Laienschwester) des Dominikanerordens.

Hatte Katharina Jesus Christus in ihrer ersten Vision nur gesehen, erlebt sie nun eine »mystische Hochzeit« mit ihm. Darunter versteht man eine Variante der Unio mystica: In der Vision vermählen sich die irdische Braut (die Mystikerin) und Christus. Aus heutiger Sicht trägt Katharinas »Hochzeit« ungewollt komische Züge: Jesus, selber bekanntlich Jude, streift ihr seine amputierte Vorhaut als Ring über den Finger und sagt: »Siehe, ich vermähle dich mit mir, deinem Schöpfer und Erlöser, im Glauben. Du wirst diesen Glauben stets unversehrt bewahren, bis du im Himmel mit mir ewige Hochzeit feiern wirst.« (aus der Legenda maior Nr. 115)

Durch dieses Versprechen endgültig bestätigt, gibt Katharina ab jetzt ihre selbstgewählte Isolation auf und geht stattdessen in die Öffentlichkeit. Statt Bußübungen steht nun Mitarbeit im Haushalt ihrer Eltern auf dem Tagesplan, sie unterstützt Arme, Kranke und Gefangene. Raimund von Capua wird ihr Beichtvater, nach ihrem Tod verfasst er ihre Biographie, die »Legenda maior«.

Außerdem nimmt sie nun, für eine Frau dieser Zeit höchst ungewöhnlich (siehe dazu auch die Geschichte Hildegards von Bingen), Stellung zu kirchlichen, politischen und gesellschaftlichen Fragen ihrer Zeit. In ihren öffentlichen Ansprachen spart sie auch nicht mit Kritik an den Verantwortlichen in Kirche und Politik, immer allerdings beruft sie sich dabei gerade auf ihre Liebe zur Kirche. Es dauert nicht lange, und ihr Ruf verbreitet sich in ganz Europa. Aus den verschiedensten Ländern suchen die Menschen bei ihr Rat.

Im Jahr 1376 reist Katharina nach Avignon zu Papst Gregor XI (1329–1378) und überzeugt ihn, den Papstsitz wieder nach Rom zurückzuverlegen. Ein Jahr später beginnt das Große Abendländische Schisma. Zur Erinnerung: Gregors Nachfolger im Amt, Papst Urban VI. (der Italiener Bartolomeo Prignano, ca. 1318–1389), erweitert, nun wieder in Rom, das französisch dominierte Kardinalskollegium um 29 weitere Kardinäle. Das allerdings gefällt den 16 alteingesessenen Kardinälen gar nicht. Sie erklären Urban für untauglich und wählen in Avignon Clemens VII. (den Franzosen Robert Graf von Gent, 1342–1378) zum Gegenpapst. Damit ist das Schisma, die Kirchenspaltung, vollzogen. Sie wird bis zum Jahr 1417 andauern.

Die Italienerin Katharina bezieht natürlich Position für Urban, auf sein Geheiß hin zieht sie nach Rom, wo sie sich für die neuerliche Einheit der Kirche einsetzt. Ganz nebenbei wünscht sie sich auch einen weiteren »heiligen, süßen« Kreuzzug, mit dem die Stadt Jerusalem zurückerobert werden soll. Weltfrieden ist für Katharina zwingend mit einem militärischen Sieg über den Islam verbunden. Religiöse Toleranz ist etwas anderes, aber Katharina ist darin durchaus Kind ihrer Zeit.

Am 29. April 1380 stirbt Katharina von Siena im Alter von 33 Jahren in Rom nahe der Kirche Santa Maria sopra Minerva. Sie wird auf dem Friedhof der Kirche begraben. Wie bei einer Heiligen nicht anders möglich, ereignen sich an ihrem Grab Wunder. Seit dem Jahr 1855 befinden sich ihre Reliquien in einem Schrein unter dem Hochaltar der Kirche. Nicht ganz ein Jahrhundert nach ihrem Tod wird Katharina von Siena 1461 heiliggesprochen, seit 1939 ist sie Schutzpatronin Italiens, seit 1970 »Doctor Ecclesiae universalis« und damit Kirchenlehrerin. Im Jahr 1999 wird sie von Papst Johannes Paul II. zusammen mit Birgitta von Schweden und Edith Stein (1891–1942) zur Patronin Europas erhoben.

Der Sarkophag Katharinas von Siena in der Kirche Santa Maria Sopra Minerva

Katharina von Siena hinterlässt weit über 300 Briefe. Damit korrespondiert eine junge Frau aus dem Kleinbürgertum mit Päpsten und Fürsten. Sie lebt eine asketische Religiosität, zieht sich dabei aber nicht in die religiöse Innenschau zurück, sondern engagiert sich intensiv für innerkirchliche Angelegenheiten. Das verdient bis heute Respekt, auch wenn ihr Verhältnis zur (Kirchen-)Politik in der Wissenschaft des Öfteren als naiv und sentimental beschrieben wird.

Die Kirche Santa Maria Sopra Minerva in Rom

Gar nicht fromm: Anna Laminit

Für besondere Frömmigkeit und Gottesnähe gibt es jede Menge Aufmerksamkeit – es wäre erstaunlich, würde das nicht auch ein anderes Phänomen auf den Plan rufen: die Simulation. Eine, die diese Kunst besonders gut beherrscht, ist die Augsburgerin Anna Laminit. Da sie – zumindest eine ganze Weile – durchaus als eine Meisterin des Betrugs gelten kann, findet auch sie ihren Platz in diesem Kapitel.

Das »lamenötly dz nit ist« (Laminit, die nichts isst) in einem Porträt von Hans Holbein, d.Ä., ca 1511

Geboren wird sie um das Jahr 1480 als Tochter einer Augsburger Handwerkerfamilie. Allerdings ist sie nicht gerade das, was man unter einem »braven Mädchen« versteht. Anna wird bereits als Jugendliche »von Kubelns (= Kuppelei – A.S.) und anderer Bubereien wegen« an den Pranger gestellt und mit Ruten aus der Stadt vertrieben.

Wann genau das geschieht, wissen wir zwar nicht. Aber sie dürfte gute Verbindungen haben, so dass sie bereits 1497 wieder zurückkehren kann. Und nun tritt sie als Begine in ein Seelhaus für arme, ehrbare Frauen ein. Als Gegenleistung für freie Kost und Logis muss sie die Gottesdienste für die Stifter besuchen, deren Grab pflegen und Almosen an Arme verteilen.

Anna, die bekehrte Sünderin? Vielleicht. Wahrscheinlicher ist aber, dass in diesem Schritt ihre einzige Möglichkeit liegt, versorgt zu werden und gleichzeitig doch noch in den Ruf einer achtbaren Frau zu gelangen.

Aber es dauert nicht lange und Anna fällt wieder auf. Dieses Mal allerdings nicht durch ein besonders anzügliches Verhalten, sondern durch ihre ausgeprägte Frömmigkeit: Sie trägt ein Bußhemd, kleidet sich nur in Schwarz. Außerdem hat sie göttliche Offenbarungen und Visionen. Ihr erscheinen die Engel und die heilige Anna. Ganz besonderes Aufsehen aber erregt ihre Nahrungslosigkeit. Ab dem Jahr 1498 erklärt sie, dass sie nichts mehr zu sich nehmen könne, selbst die Hostie muss man ihr in mehrere Stücke zerkleinert reichen. Später schreibt sie, dass sie »kain stul in 14 jaren nie gehabt« habe.[1]

Ihr Ruf als Heilige verbreitet sich schnell. Der bayrische Humanist Johannes Aventinus (1477–1537) schreibt dazu: »Nicht nur das dumme Volk, der ungebildete Pöbel, glaubte dies, sondern auch unsere heiligmäßigen Gelehrten, die neuen Theologieprofessoren.«[2]

Als Anna Laminit behauptet, die heilige Anna, die sie mehr als andere Heilige verehre, sei ihr erschienen und habe ihr geboten, zur Besänftigung des göttlichen Zorns eine Bittprozession zu veranstalten, kommt sogar Bianca Maria Sforza, die Frau Kaiser Maximilians I. (1459–1519), dieser Aufforderung nach. Der gesamte Augsburger Klerus, sämtliche Mönche und Nonnen sowie zahlreiche Laien schließen sich am 7. Juni 1503 der Prozession an. Höhepunkt dieses großen Umzugs – eventuell sogar des größten, den es je in Augsburg gegeben hat – ist das Erscheinen der Königin mit ihrem Gefolge, alle barfuß, im schwarzen Büßergewand und mit brennenden Kerzen in den Händen.

Möglich ist auch, dass hinter Anna Laminits Auftreten weniger Geltungsbedürfnis als der ganz profane Mammon steht. Denn sie lässt sich Segen und Gebete ordentlich bezahlen und hat auf diese Weise bald ein beachtliches Vermögen gesammelt. Das sie natürlich den Armen spendet – abgesehen eben von jenem Teil, den sie für sich selbst behält.

Allmählich aber kommen doch Zweifel auf, zuerst bei den Mitschwestern im Seelhaus. Aufgedeckt wird der Betrug schließlich von der Schwester Kaiser Maximilians, der Herzogin Kunigunde von Österreich (1465–1520). Sie steht Annas Hungermartyrium schon länger

---

1 Zitiert nach P. Dinzelbacher: Heilige oder Hexe? Schicksale auffälliger Frauen in Mittelalter und Frühneuzeit, Zürich/London 1995, S. 80

2 Zitiert ebd. S. 79

skeptisch gegenüber und lädt sie im Jahr 1512 in das Pütrichkloster bei München ein. Man empfängt Anna in allen Ehren. Was die vorgeblich fromme Dame aus Augsburg aber nicht weiß: Die Tür des Gästezimmers, das man ihr im Kloster zuweist, hat Herzogin Kunigunde vorher mit kleinen Löchern präpariert. Sie übernimmt auch höchstpersönlich die heimliche Observierung der Hungermärtyrerin. Und siehe da, kaum glaubt sich Anna alleine in ihrem Raum, holt sie einige kleine Kuchen und Obst heraus. Ihre Exkremente entsorgt sie durch das Fenster.

Um nicht als Verleumderin dazustehen, lässt Kunigunde noch 14 Schwestern des Klosters durch die Löcher schauen und ihre Beobachtung bestätigen. Schließlich konfrontiert sie Anna mit ihrer Entdeckung und zwingt sie, an der gemeinsamen Mahlzeit im Konvent teilzunehmen und vor den Augen aller zu essen. Überraschenderweise lässt sie es aber damit bewenden und schickt Anna zurück nach Augsburg, verbunden mit der Aufforderung, sich zu bessern.

Aber genau das macht Anna Laminit nicht. Stattdessen spielt sie ihr Spiel als Hungermärtyrerin in Augsburg sofort weiter und verteidigt sich sogar noch in Briefen gegen Kunigundes Vorwürfe. Das geht so zwei Jahre, bis es der Herzogin endgültig zu dumm wird und sie ihren Bruder einschaltet. Im Jahr 1514 wird Anna Laminit zum zweiten Mal in ihrem Leben aus Augsburg verbannt. Diese Verbannung ist allerdings eine ungewöhnlich milde Strafe für ihr Vergehen, so dass man heute annimmt, es hätten sich einflussreiche Persönlichkeiten der Stadt für sie eingesetzt. Diese Vermutung liegt auch noch aus einem anderen Grund nahe: Denn Anna hat nicht nur Visionen, Nahrungslosigkeit und dergleichen mehr vorgetäuscht. Angeblich hatte sie auch eine heimliche Affäre mit dem Pfarrer von Heiligenkreuz und – noch wichtiger, weil dokumentarisch belegt – einen unehelichen Sohn mit Anton Welser (1451–1518). Möglich, dass sie damit mächtige Fürsprecher hat, denn die Familie Welser gehört zu den angesehensten der Stadt. Anna darf sogar ihr Vermögen behalten, sie verlässt Augsburg auf einem Wagen der Welsers.

Noch einmal versucht sie es als Märtyrerin in Kempten, aber dieses Mal glaubt ihr niemand mehr. Und nun gibt Anna Laminit das Leben als falsche Heilige auf. Sie heiratet stattdessen den verwitweten Armbrustmacher Hans Bachmann und zieht mit ihm und ihrem unehelichen Kind in die Schweiz nach Freiburg im Uechtland.

Eigentlich könnte sie so ausgesprochen glimpflich davongekommen sein. Aber Anna betrügt weiter: Denn ihr Sohn stirbt. Was sie dem Augsburger Vater aber wohlweislich verschweigt, denn dann würde der ihr auch die 30 Gulden Kostgeld pro Jahr nicht länger zahlen. Das geht eine Weile gut. Bis im Jahr 1518 Anton Welser seinen und Annas Sohn in Augsburg in die Schule geben möchte und Anna ihm stattdessen ihren Stiefsohn aus der Ehe mit Hans Bachmann schickt. Das allerdings geht jetzt endgültig schief. Anton Welser entdeckt den Betrug sofort und Anna kommt in Freiburg vor Gericht. Wo sie schon einmal vorm Kadi steht, werden bei dieser Gelegenheit auch ihre alten Betrügereien noch einmal aufgerollt. Anna gibt (offenbar ohne Folter) alles zu. Und dieses Mal fällt das Urteil keineswegs milde aus. Vielmehr wird festgelegt, dass der Scharfrichter »sy soll füren an daz wasser, do dann die gewonliche gerichtstatt ist, und in einen sack stossen und dannenthin in den tiefendesten wag schiessen und do unden so lang halten, bis daz die seel von lyb scheid.«[1] Das Todesurteil durch das sogenannte Säcken (in einen Sack stecken) und Ertränken wird am 5. Mai 1518 an der Saane vollstreckt. Und da man ihrem Mann vorwirft, bei dem Betrug mitgewirkt zu haben, wird auch er zum Tod durch Erhängen verurteilt.

Augsburg in der Schedelschen Weltchronik 1493

In Augsburg sorgt übrigens der Schwiegersohn Anton Welsers, der Humanist Konrad Peutinger (1465–1547), dafür, dass ihre Geständnisse nicht verbreitet werden, das hätte sowohl dem Ansehen der Stadt als auch dem der Familie Welser geschadet.

---

1   Zitiert ebd. S. 82

Wenn der Chronist Aventin die »neuen Theologieprofessoren« erwähnt, die alle faszi-
niert von Anna Lamitin gewesen seien, dann bezieht er sich damit wahrscheinlich auch auf
Martin Luther, mit dem er persönlich bekannt ist. Auch der habe 1511 auf der Rückreise von
Rom Anna Laminit einen Besuch abgestattet. Wir wissen nicht, ob auch er zunächst in den
Bann der falschen Hungerheiligen gerät. Im Rückblick klingt es definitiv nicht (mehr) danach, da spricht er von »ludibria diaboli«, vom Teufelstrug. Und in seiner bekannt unver-
blümten Diktion berichtet er im Jahr 1540 in einem seiner Tischgespräche von einer Frau,
die vorgegeben habe, weder zu essen noch zu trinken noch andere leibliche Bedürfnisse zu
haben. »Aber es war mit ihr lauter Bescheißerei«. Deutlicher hat es wohl vor und nach ihm
niemand mehr in Worte gefasst.

Das Bauernmädchen und der Krieg: Jeanne d'Arc

Eine Heilige oder … (Achtung, es folgt eine sehr lange Auflistung an Beschimpfungen!) eine
»Lügnerin, bösartige Betrügerin des Volkes, Hexe, Abergläubische, Gotteslästerin, Entehre-
rin des Glaubens an Jesus Christus, prahlerisch, götzendienerisch, grausam, liederlich, Dä-
monenbeschwörerin, Apostatin (Abtrünnige – A.S.), Schismatikerin und Ketzerin«?[1]

Was davon trifft zu auf das Bauernmädchen Jeanne aus dem kleinen Ort Domrémy in
Lothringen? Die oben zitierten Vorwürfe findet man auf einem Schild, das an jenem Pfahl
befestigt ist, neben dem die gerade einmal 19jährige Jeanne d'Arc oder auch Johanna von
Orléans kurz darauf verbrannt wird.

Noch schlimmer sind die Vorwürfe, die sich in ihren Prozessakten finden: »Hexe und
Zauberin, Weissagerin, Pseudo-Prophetin, Anruferin und Beschwörerin böser Geister, aber-
gläubisch, hartnäckig den magischen Künsten ergeben, in und über unseren katholischen
Glauben schlecht denkend, Schismatikerin, Glaubensschwache und Abweichlerin, Frevlerin
und Götzenanbeterin, Glaubensverleugnerin, Übelbeleumdete und Übeltuerin, Lästerin
Gottes und seiner Heiligen, Anstößige, Aufrührerische, Friedensstörerin und -hinderin,

---

1   Zitiert nach Dinzelbacher: »Heilige oder Hexen?«, S. 21

Kriegstreiberin, grausam dürstend nach Menschenblut (...)«. Als eine Heilige habe sie sich lange ausgegeben, dabei sei sie »gänzlich voll des Höllenfeindes«[1] gewesen.

Man braucht nicht nur wenig, man braucht überhaupt keine Phantasie, um zu erkennen, dass jemand diese junge Frau entweder tatsächlich für die rechte Hand Satans hält – oder sie unbedingt und ein für allemal loswerden will. Um es gleich vorwegzunehmen: Letzteres ist der Fall. Denn nur fünfundzwanzig Jahre später wird dieses Mädchen, die eben noch von hochrangigen Vertretern der katholischen Kirche für die Inkarnation des Bösen gehalten wurde, von (anderen) Vertretern derselben Kirche zur Märtyrerin erklärt. Ihr Prozess einschließlich des Todesurteils sei eindeutig ein Rechtsirrtum gewesen. Geholfen hat es Jeanne allerdings nicht mehr.

Der Scheiterhaufen, der für Jeanne d'Arc am 30. Mai 1431 in Rouen/Frankreich errichtet wird, setzt einen traurigen Schlussstrich unter das Leben eines Mädchens, das nichts anderes getan hat, als einer göttlichen Eingebung zu folgen.

Geboren wird Jeanne um das Jahr 1412 in dem Dorf Domrémy in Lothringen als Tochter wohlhabender Bauern. Ihr Vater trägt den Namen Jaques Darc, erst später wird dieser Nachname durch den Apostroph in die adlig klingende Version d'Arc verwandelt. Zum Zeitpunkt ihrer Geburt ist der Hundertjährige Krieg zwischen England und Frankreich (er dauerte von 1337–1453) bereits bei etwas mehr als der Hälfte angekommen.

Das Geburtshaus der Jeanne d'Arc

In diesem Krieg geht es, vereinfacht zusammengefasst, darum, dass die englischen Könige Ansprüche auf den französischen Thron durchzusetzen versuchen. Die Vorgeschichte: Sowohl der englische König Eduard

---

III. (1312–1377; Haus Plantagenet) als auch Philippe VI (1293 –1350; Haus Valois) machen diesen Anspruch für sich geltend. Letzterer der beiden wird im Mai 1328 in Reims zum König gesalbt. Im Jahr 1337 konfisziert er das englische Herzogtum Guyenne, das zum Kerngebiet englischen Besitzes in Aquitanien gehört. Daraufhin landet Eduard III. mit seinen Soldaten in der Normandie. Der Hundertjährige Krieg beginnt.

Zeitsprung: Im Jahr 1415 besiegt der englische König Heinrich V. (1386–1422) die Franzosen in der Schlacht bei Azincourt und erhebt Anspruch auf den französischen Thron. Die Engländer halten den Norden Frankreichs bis zur Loire besetzt. Die Stadt Orléans, die den Schlüssel zur Überquerung des Flusses darstellt, ist vom Bruder König Heinrichs, John of Lancaster (1389–1435), eingekesselt. Hinzu kommt noch ein innerfranzösischer Bürgerkrieg, denn der Herzog von Burgund steht auf Seiten der Engländer.

Und nun betritt Jeanne allmählich die historische Bühne: »Als ich dreizehn Jahre alt war«, so gibt sie in dem späteren Prozess gegen sie zu Protokoll, »hatte ich eine Stimme, die von Gott kam (...) [u]nd nachdem ich diese Stimme dreimal gehört hatte, habe ich erkannt, daß es die Stimme eines Engels war (...) Und unter anderem hieß er mich dem König von Frankreich zu Hilfe eilen.«[1] Nach einigen Mühen, während derer sie zum erstem Mal ihren Glauben bezeugen muss, wird sie im Jahr 1429 vom Dauphin Karl VII. empfangen. Sie erzählt, dass sie vom Himmel geschickt sei, um Frankreich zu befreien, und dass er, Karl, in Reims zum König gesalbt werde. Drei Wochen lang lässt Karl VII. Jeanne von Geistlichen und anderen hochrangigen Persönlichkeiten auf ihre Glaubwürdigkeit hin prüfen, Hofdamen stellen sicher, dass sie tatsächlich noch Jungfrau ist. Sie besteht beide Prüfungen, man lässt ihr eine Rüstung anfertigen und gibt ihr eine kleine militärische Einheit an die Seite, zu der einige kriegserfahrene Männer gehören. Ihr erster Auftrag besteht darin, einen Proviantzug in das belagerte Orléans zu bringen. Es gelingt, und durch diesen Erfolg motiviert riskieren die Truppen der Stadt einen Ausfall. Jeanne reitet voran. Sie wird von einem Pfeil getroffen und vom Pferd geworfen, bleibt aber dennoch im Feld. Am folgenden Tag ziehen die Engländer von ihrer Stellung ab, bis Juni 1429 sind sie unter Jeannes Mitwirkung aus den Burgen südlich der Loire vertrieben.

Am 7. Juli 1429 wird der Dauphin als Kaiser Karl VII. in der Kathedrale von Reims gesalbt, ganz so, wie es Jeanne vorhergesagt hatte. Ihr Vater erhält vom König zum Dank die Steuerfreiheit.

---

1   Zitiert nach Ennen, S. 217

Doch nun gewinnt die Friedenspartei bei Hof immer mehr an Einfluss und Karl VII. schließt Frieden mit Philipp dem Guten von Burgund (1396–1467; die Burgunder gehören, wie bereits gesagt, zur englischen Seite). Philipp nutzt diesen Frieden dazu, militärische Verstärkung nach Paris zu schaffen, der Versuch der Franzosen, auch Paris zu befreien, misslingt daher. Karl erkennt, dass er jetzt auf Verhandlungen setzen muss, Jeanne dagegen drängt auf Kampf und zieht auf eigene Initiative gegen die englischen Besatzer. Damit wird sie für Karl nicht nur unbequem, sondern regelrecht gefährlich.

Er verrät sie, sie wird von den Burgundern gefangengenommen und von ihnen für 10.000 Franken (das ist eine ausgesprochen hohe Summe) an die Engländer verkauft. John of Lancaster hält sie daraufhin fünf Monate in einem Turm der Burg Bouvreuil gefangen. Drei Monate dauert der erste Prozess, der unter dem Vorsitz des Bischofs von Beauvais geführt wird. Jeanne werden Aberglauben und Ketzerei vorgeworfen. Das Bauernmädchen ohne jede theologische Bildung steht alleine und ohne rechtlichen Beistand einer Anzahl hochgebildeter Theologen gegenüber. Sie wird in zwölf von 67 Anklagepunkten für schuldig befunden. Die Vorwürfe lauten unter anderem: Anwendung von Feenzauber, Gebrauch der Alraunwurzel, Häresie, Anbetung von Dämonen und – Mord. Sie war während der Schlacht nicht als Soldat anerkannt, folglich wurden ihr die Toten der Schlacht als Mordopfer angelastet. Sie selber setzt dagegen, sie habe nie getötet. »Ich trug diese Fahne, wenn man zum Sturm gegen den Feind antrat, und vermied so, einen Menschen zu töten. Ich habe nie jemanden getötet.«[1]

Man droht ihr mit dem Scheiterhaufen, Jeanne schwört ihren Überzeugungen ab, offenbar aus großer Angst vor dem Flammentod. Am 24. Mai 1431 wird sie exkommuniziert. Da sie sich aber öffentlich von ihren »Irrtümern« abwendet, wird sie zunächst zu lebenslanger Haft verurteilt. Sie müsste folglich in ein kirchliches Gefängnis überstellt werden.

Den Anhängern des englischen Königshauses genügt diese Strafe aber nicht. Man befürchtet offenbar, Karls Anhänger könnten sie aus ihrem Gefängnis befreien und mit ihrer Hilfe zu einem neuen Angriff gegen die englischen Besatzer ausholen. Und so wird Jeanne wenige Tage später ein zweites Mal der Prozess gemacht. Nun wirft man ihr, ergänzend zu den bereits bekannten »Vergehen«, außerdem vor, sie habe im Gefängnis Männerkleidung getragen. Jeanne erwidert, man habe ihr ihre eigene Kleidung weggenommen und ihr ledig-

---

1   Ebd. S. 217

Die Alraune

Sie gilt als aphrodisierend und löst Halluzinationen aus. Und: Sie ist hochgiftig. Der Legende nach ist allerdings bereits die Ernte solch einer Alraune ein gefährliches Unterfangen. Denn die Pflanze, deren Form oft an ein kleines Männchen erinnert, wehrt sich und stößt einen so schrecklichen Schrei aus, dass der oder die Pflücker/in dabei erstarrt – oder gleich stirbt. Kein Wunder also, dass diese Pflanze (lat. Mandragora) das ideale Kraut für Hexenzauber ist.

Alraun-Mann und Alraun-Frau im »Hortus sanitatis«, 1491

lich Männerkleidung zur Verfügung gestellt. Außerdem habe ein Edelmann versucht, sie zu vergewaltigen, die Kleidung habe sie auch zum Schutz getragen. Außerdem widerruft sie jetzt auch ihr Hexenzauber-Geständnis, das sie erst wenige Tage zuvor abgegeben hatte. Nun ergeht unter der Regentschaft Johns of Lancaster das endgültige Urteil. Am 30. Mai 1431 wird die notorisch rückfällige Häretikerin, als die man sie nun bezeichnet, auf dem Marktplatz von Rouen verbrannt. Und Halbheiten kennen ihre Richter nicht: Damit ihre Anhänger keine Gelegenheit haben, eventuelle Überreste ihres Leichnams als Reliquien zu bergen, wird ihre Asche in die Seine gestreut.

Nicht alle sind sich allerdings sicher, dass die Welt mit dieser Hinrichtung um eine Hexe ärmer geworden ist. Von Jeannes Henker, Geoffrey Thérage, einem Mann, der seine Arbeit bereits seit 24 Jahren ausübt, ist überliefert, dass er noch am selben Nachmittag zu den Dominikanern geht (sie hatten sich unter den Mitgliedern des Tribunals für das Mädchen eingesetzt) und beklagt: »Ich fürchte sehr, dass ich verdammt bin, denn ich habe eine Heilige verbrannt.«[1]

So wie politisches Kalkül zum Tod des Bauernmädchens Jeanne d'Arc geführt hat, sind es auch politische Erwägungen, denen sie ihre Rehabilitierung verdankt. Denn das Volk verehrt sie schon kurz nach ihrem Tod als Märtyrerin, für das Ansehen Karls VII. ist das gar nicht gut. Und so lässt er den Prozess 24 Jahre nach Jeannes Tod neu aufnehmen. Der Krieg mit den Engländern ist seit Kurzem endgültig vorbei, ein Risiko geht er daher nicht ein. Das Urteil wird am 7. Juli 1456 verkündet: Jeanne d'Arc wird vollständig rehabilitiert. Diejenigen, die (neben Karl, der sie an Burgund verraten hatte), ihren Tod verschuldet hatten, werden allerdings nicht zur Verantwortung gezogen, einige von ihnen leben ohnehin selbst schon nicht mehr.

Jeanne d'Arcs Tod auf dem Scheiterhaufen, Gemälde von Hermann Stilke, 1843

---

1   Zitiert nach Dinzelbacher: Heilige oder Hexen? S. 22

Jeanne d'Arc in der Kunst

Es überrascht kaum, dass das Leben und Sterben dieser außergewöhnlichen jungen Frau durch viele Jahrhunderte in der Kunst aufgegriffen wurde und wird. Vom Schauspiel über Opern bis zu Computerspielen – immer wieder treffen wir auf Jeanne d'Arc. Hier nur ein sehr, sehr kleiner Ausschnitt aus der reichen Rezeptionsgeschichte:

Schauspiel:
- Friedrich von Schiller: Die Jungfrau von Orléans (1801)
- George Bernhard Shaw: Die heilige Johanna (1923)

Erzählung:
- Marc Twain (unter dem Pseudonym Sieur Luis de Conte): Personal Recollections of Joan of Arc (1896)

Oper:
- Giuseppe Verdi: Giovanna d'Arco (1845)
- P.I. Tschaikowski: Orleanskaja dewa (1881)
- Arthur Honegger: Jeanne d'Arc au bûcher (Oratorium, 1938)

Unterhaltungsmusik:
- Leonard Cohen: Joan of Arc (Lied, 1971)
- Kate Bush: Joanni (2005)

Filme:
- Giovanna d'Arco al rogo (1954, Regie: Roberto Rossellini, Titelrolle: Ingrid Bergmann)
- Johanna von Orléans (1999, Regie: Luc Besson, Darsteller u.a. Milla Jovovich, John Malkovich)

Im Jahr 1909 wird Jeanne d'Arc von Papst Pius X. selig- und im Jahr 1920 von Papst Benedikt XV. heiliggesprochen. Seit 1922 verehrt sie die katholische Kirche in Frankreich als zweite Landespatronin nach der Mutter Gottes.

Die Historikerin Edith Ennen spricht im Zusammenhang mit Jeanne d'Arcs Verurteilung von einem Prozess, »der einen gleicherweise den kirchlichen französischen Autoritäten wie der englischen Besatzungsmacht anzulastenden abscheulichen Justizskandal« darstelle. Bei ihrem Todesurteil spielten machtpolitische Erwägungen eine entscheidende Rolle. Eine der Ursachen für ihre Kanonisierung sieht der Historiker Peter Dinzelbacher nun in den »kühlen diplomatischen Beziehungen der Republik Frankreich dem Vatikan gegenüber«. Die späte Erhebung Jeannes in den Rang einer Seligen und kurz darauf in den einer Heiligen sei eine Geste des Vatikans Frankreich gegenüber gewesen.

Es hat den Anschein, als habe die Frau Jeanne d'Arc mit ihren persönlichen Leistungen und ihrem Leiden in diesem Spiel der Mächte zu allen Zeiten eine eher untergeordnete Rolle gespielt.

Dichterinnen des Mittelalters

Die Literaturgeschichte besteht (leider) zum Großteil aus den Werken von Männern. Aber es gibt sie, die schreibenden Frauen. Durch die Jahrhunderte hindurch und damit – natürlich – auch im Mittelalter.

Die Allererste: Roswitha von Gandersheim

Ob sie tatsächlich die allererste Dichterin der deutschen Literatur ist, kann natürlich niemand mit Sicherheit sagen. Sie ist aber auf alle Fälle die erste, deren Texte uns überliefert sind.

Roswitha oder Hrotsvith, so der tatsächlich überlieferte Name, gilt als die erste uns bekannte Dichterin. Geschrieben hat sie allerdings auf Lateinisch, ihre Werke stehen im Ruf, die bemerkenswertesten des 10. Jahrhunderts zu sein.

Sehr viel mehr als ihre Werke ist uns von dieser Frau allerdings auch nicht überliefert, und die lassen sich in das 10. Jahrhundert zurückdatieren, genau in den Abschnitt zwischen dem Jahr 962, in dem Otto I. (912–973) zum Kaiser gekrönt wird, und dem Jahr 975. Darüber hinaus wissen wir, dass sie eine enge Vertraute der Äbtissin Gerberga (940–1001), der Tochter Herzog Heinrichs des Bayern und Nichte Ottos I., ist und dass Letztgenannte jünger als sie selber ist. Aus all dem schließt man, dass der Geburtstermin dieser Dichterin wahrscheinlich um das Jahr 935 liegen dürfte. Man spricht in solchen Fällen von einer »relativen zeitlichen Einordnung«. Relativ, weil die verfügbaren Daten in Bezug zueinander gesetzt werden und man aus diesen Puzzleteilen ungefähre biographische Rahmendaten rekonstruieren kann. Und da Roswitha sehr früh in das damals bedeutende Stift Gandersheim (im heutigen Niedersachsen) eintritt und dieses Kloster das Familienstift der Liudolfinger ist (nach der Kaiserkrönung Ottos I. werden sie »Ottonen« genannt), können wir auf eine adelige Herkunft schließen.

Noch ein Satz zur damaligen Bedeutung des Gandersheimer Stifts: Hier bringt Kaiserin Theophanu *(siehe zu ihr S. 57)* ihre dritte Tochter Mathilde zur Welt und hier lässt sie auch ihr Privatarchiv verwalten.

Stiftskirche Bad Gandersheim

Roswithas literarische Werke sind vermutlich zwischen 950 und 970 entstanden, ihr Tod wird nach dem Jahr 973 datiert. Diese erste Schriftstellerin des Mittelalters verfügt über ein großes Maß an Bildung, zu dem auch die Kenntnis einiger antiker Schriftsteller gehört. Bei der Gelegenheit: Im Frühmittelalter sind vor allem die Frauenstifte(!)

Stätten der Bildung. Hier, im Stift Gandersheim, kann Roswitha überdies auf eine bedeutende Bibliothek zugreifen. Und da ihr Werk an sich das Einzige ist, was uns wirklich aus ihrem Leben überliefert wird, soll es hier kurz vorgestellt werden:

Man teilt Roswithas Texte insgesamt in drei Gruppen ein. Da gibt es einmal das Legendenbuch mit insgesamt acht Legenden, weiter zwei historische Hexameterepen, von denen das eine, die »Gesta Ottonis«, über die Taten Ottos I. berichtet. Das zweite, die »Primordia coenobii Gandeshemensis«, erzählt von den Anfängen des Stifts Gandersheim. Und schließlich finden sich noch sechs Lesedramen in Reimprosa, mit denen sie nach eigener Angabe die Lektüre des Dichters Terenz in den Klöstern zurückdrängen möchte.

Das dürfte aber noch nicht alles gewesen sein, allerdings ist der Rest, wie so

Vom Sklaven zum Dichter

Wer war jener Dichter Terenz, dessen Werke Roswitha als Lektüre innerhalb der Mauern eines Klosters für so unpassend hält, dass sie lieber eigene Dramen schreibt, ehe sie noch länger hinnimmt, dass fromme Damen unter falschen (literarischen) Einfluss geraten?

Publius Terentius Afer (zwischen 195 und 184 v. Chr. – 159/158) kommt als Sklave nach Rom. Aber sein Herr erkennt seine Begabung, sorgt dafür, dass ihm eine gute Ausbildung zuteil wird und lässt ihn frei. Nach damals üblichen Regeln nimmt der Sklave den Namen seines Herren an (Publius Terentius), der Beiname »Afer« bedeutet »der Afrikaner«, vermutlich kommt er aus Libyen.

Insgesamt sechs Komödien sind von ihm erhalten. Er zeigt darin das bürgerliche Alltagsleben, bringt Erziehungsprobleme, Ehefragen und Liebesdinge auf die Bühne. Seine Figuren gelten als lebensecht. »Homo sum: humani nil a me alienum puto«, lässt er eine Figur in seinem Werk Heautontimoroumenos (Der Selbstquäler) sagen. »Ich bin ein Mensch, nichts Menschliches ist mir fremd.«

Aber seien wir einmal ehrlich: So »verderblich«, wie Roswitha die Komödien des Terenz bewertet, sind sie nun wirklich nicht. Da gab es Schlimmere vor ihm. Etwa die volkstümlichen, zum Teil auch vulgären Komödien des Plautus. Ohnehin, heißt es, habe sich Roswitha stilistisch stark an Terenz orientiert.

oft bei mittelalterlichen Texten, verschollen. Erst vor Kurzem ist ein vierzeiliges Widmungsgedicht Roswithas in einem handschriftlichen Würzburger Fragment gefunden worden (Universitätsbibliothek, M.p.th.f.34).

Stichwort Handschrift: Bis auf wenige Texte ist ihr gesamtes Opus im Codex Clm 14485 der Bayerischen Staatsbibliothek in München enthalten. Es handelt sich hierbei um eine von mehreren Händen in Gandersheim Ende des 10. oder Anfang des 11. Jahrhunderts geschriebene Sammlung.

Von »Händen« spricht man, weil man häufig die Schreiber namentlich nicht kennt. Demnach haben an dieser Handschrift zwei Schreiber gearbeitet, was man anhand der unterschiedlichen Schriften erkennen kann.

Und noch ein Wort zur Rezeption dieser ersten Dichterin des Mittelalters: Es wundert wahrscheinlich niemanden, dass Roswitha seit dem 19. Jahrhundert von der Frauenbewegung als frühe Ikone der kulturschaffenden Frauen gefeiert wird.

Roswitha von Gandersheim

Christine de Pizan

Wenn sich über Roswitha von Gandersheim sagen lässt, sie sei eine Ikone der kulturschaffenden Frauen, dann trifft das erst recht auf die französische Schriftstellerin Christine de Pizan zu. Sie verfasst nicht nur das erste feministische Werk der Literatur, sie gilt darüber hinaus als die erste Frau der französischen Literatur, die von ihrem Schreiben leben kann – und das ist bis heute nur wenigen Schriftstellern möglich, die meisten schreiben im Nebenerwerb.

Geboren wird sie 1364 in Venedig als Tochter des Astrologen und Arztes Tommaso da Pizzano. Als sie vier Jahre alt ist, wird ihr Vater an den Hof Karls V. berufen. Sie wird in Latein, Geometrie und Arithmetik unterrichtet, später bildet sie sich selber in Theologie weiter, außerdem liest sie profane, also nicht-theologische Werke der französischen und der lateinischen Literatur. Mit fünfzehn Jahren wird sie mit dem königlichen Sekretär Étienne du Castel verheiratet. Sie bekommt drei Kinder von ihm. Als 1387 ihr Vater und 1390 ihr Mann sterben, Christine ist gerade 26 Jahre alt, muss sie um ihr Erbe prozessieren. Geld hat sie in dieser Zeit nicht viel, muss aber neben ihren drei Kindern noch für ihre Mutter und ihre zwei jüngeren Brüder sorgen. Wer aber heiratet eine Frau ohne Geld und mit derart viel Familienanhang? In dieser Situation macht Christine das Einzige, was ihr möglich ist. Sie besinnt sich auf ihre Fähigkeiten und Talente. Und beginnt zu schreiben: Balladen, Lais (volkssprachliche Versdichtungen) und Rondeaus, eine spezielle Gedichtform. Für ihre Kinder schreibt sie darüber hinaus das Erziehungswerk »Buch der Klugheit«. Sie widmet es – gegen Honorar – dem Herzog von Burgund, Philipp dem Kühnen.

Es folgen weitere finanzkräftige Mäzene, unter ihnen die französische Königin Isabeau de Bavière und einige namhafte Herzöge. Christine beginnt nun auch mit Liebeslyrik, später folgen lehrhaft-philosophische Werke, darunter im Jahr 1400 ein sogenannter Fürstenspiegel. In anderen Werken nimmt sie Stellung zu den Bürgerkriegen, die während des Hundertjährigen Kriegs Frankreich auch von innen heraus destabilisieren.

Das alles ist für eine Frau dieser Zeit bereits eine beachtliche Leistung. Die Bezeichnung als »Feministin« aber verdient sich Christine de Pizan, als sie im Jahr 1399 die beiden Autoren des berühmten »Rosenroman« (Le Roman de la Rose), Jean de Meung und Guillaume de Lorris, der Misogynie bezichtigt. Sie tut dies, wie von einer Schriftstellerin nicht anders zu erwarten, in einem eigenen Werk, der »Épître au Dieu

Sie stellt sich dem »Feind«: Christine de Pizan liest vor einer Gruppe von Männern.

d'Amour« (Sendbrief an den Gott der Liebe). Besonders erbost ist sie dabei über die ihrer Meinung nach zynischen Äußerungen zur körperlichen Liebe im Rosenroman. Ihre Kritik polarisiert, die einen stimmen ihr zu, die anderen widersprechen, es ist der erste bekannte Literaturstreit in Paris. Selber verfasst sie im Jahr 1401 »Le Dit de la rose« (das Gedicht von der Rose). Hier schildert sie die Gründung eines (fiktiven) Rosenordens, der die Frauen schützt.

Das Werk, das Christine de Pizan endgültig zur ersten feministischen Schriftstellerin macht, ist schließlich 1405 ihr »Livre de la Cité des dames« (Das Buch von der Stadt der Frauen). Es entsteht nach der Lektüre des, wie sie meint, frauenfeindlichen Buches »Lamentationes Matheoli« des Geistlichen Matthaeus aus Boulogne-sur-Mer: Die Ich-Erzählerin (als alter ego der Autorin) erzählt in der »Stadt der Frauen«, wie ihr drei vornehme Damen erscheinen, die Vernunft, die Rechtschaffenheit und die Gerechtigkeit. Sie kündigen ihr den Bau einer Stadt an, in der Frauen Zuflucht finden sollen vor den Verleumdungen und dem Hass der Männer. In drei Teilen schildert Christine nun, wie die Stadt errichtet wird. Das Baumaterial sind aber nicht Steine, sondern imponierende Frauenfiguren aus der biblischen, der antiken und der jüngeren Geschichte. Christine stellt sie vor und lobt ihre Taten. Es ist ein Lesebuch über die Schicksale und Leistungen berühmter Frauen. Die Autorin ent-

Meister der »Stadt der Frauen«

wirft eine utopische Gesellschaft, in der Frauen die gleichen Rechte erhalten wie Männer. Unter anderem schreibt sie darin: »Diejenigen (Männer – A.S.), die Frauen aus Mißgunst verleumdet haben, sind Kleingeister, die zahlreichen ihnen an Klugheit und Vornehmheit überlegenen Frauen begegnet sind. Sie reagierten darauf mit Schmerz und Unwillen, und so hat ihre große Mißgunst sie dazu bewogen, allen Frauen Übles nachzusagen (...).« Wenn das kein früher Feminismus ist ...

Ab dem Jahr 1418, als der Hundertjährige Krieg in seine schrecklichste Phase tritt, wohnt sie bei ihrer Tochter Marie im Kloster der Dominikanerinnen von Saint-Louis de Poissy. Von hier aus erfährt sie im Jahr 1429 auch noch vom Eingreifen Jeanne d'Arcs in den Krieg und widmet ihr 1430 ein Loblied, das »Dictié en l'honneur de la Pucelle« (Gedicht zu Ehren des Mädchens), in diesem Fall vermutlich ohne finanzielle Gegenleistung.

Über ihr weiteres Leben wissen wir nichts mehr, vermutlich stirbt sie nur wenige Zeit später in Poissy. Ihre »Stadt der Frauen« aber avanciert zu einem der ersten emanzipatorischen Romane der französischen Literatur.

Berühmte Liebespaare

Prominent durch die Liebe? Das schafft jedes Sternchen unserer Zeit auch, die entsprechenden Berichte in der Yellow Press vorausgesetzt. Nein, eine große Liebe macht noch keine bedeutende Frau. Aber die Protagonistinnen der beiden folgenden Darstellungen haben tatsächlich das Zeug zur schillernden Berühmtheit. Wer ihre Geschichten liest, begreift, warum.

Das Skandalpaar von Paris — Abaelard und Heloïse

»[...] von Gott darf ich [...] keinen Lohn erwarten, da ich bisher nichts aus Liebe zu ihm getan habe: Das steht fest.« Das schreibt eine Frau, die zur Zeit dieser Zeilen bereits Priorin eines Klosters ist, Heloïse. Wie kommt sie zu einer so ehrlichen wie ungeschönten Aussage? Die Antwort ist einfach: Die Leidenschaft ist schuld. Und der Mann. Schuld an (fast) allem.

VERBOTENE LIEBE IN PARIS

Die Zeiten des Skandals, der damals in Paris Gesprächsstoff Nummer eins gewesen sein dürfte, sind zwar bereits zehn Jahre her. Aber vergessen hat Heloïse nichts, schon gar nicht den Mann, mit dem gemeinsam sie den Wirbelsturm verursacht hatte. Schauen wir also zurück ins Paris des frühen 12. Jahrhunderts:

Um das Jahr 1095 wird Heloïse als Tochter der Hersendis von Champagne, einer Dame aus dem französischen Hochadel, geboren, über ihren Vater weiß man nichts. Schon kurz nach ihrer Geburt kommt das Mädchen zur Früherziehung in den Nonnenkonvent Notre-Dame d'Argenteuil, ihr Vormund ist vermutlich bereits jetzt ihr Onkel Fulbert (1060–1142), der Subdiakon von Notre Dame in Paris. Direkt nach dem Tod ihrer Mutter im Jahr 1114 nimmt er das Mädchen zu sich.

Heloïse ist schön, klug und gebildet. Sie kann Latein, Griechisch, Hebräisch. Sie liebt es, so viel wie möglich zu lernen und ihr Wissen zu erweitern.

Und damit betritt der zweite Protagonist dieser Liebesgeschichte die Szene: Petrus Abaelardus (1079–1142, heute wird er meist kurz Abaelard genannt). Er übernimmt die Leitung der Pariser Domschule. Er ist nicht nur der herausragende Philosoph seiner Zeit und gleichzeitig durch seine Betonung der Vernunft vor dem Glauben das Enfant terrible unter den Intellektuellen. Er gilt auch als großartiger Dichter. Und er dürfte – kein ganz unerhebliches Detail – sehr attraktiv sein. Dieser junge Gelehrte hat ein Auge auf das begabte junge Mädchen geworfen. An Selbstvertrauen scheint es ihm ohnehin nicht zu mangeln. »Mein Name war damals hoch gefeiert, und ich stach im Reiz meiner Jugend und Schönheit hervor«, so lesen wir es in einem Brief an einen Freund.[1] Jede kann er bekommen, davon ist Abaelard überzeugt, vielmehr ist er es, die die Frauen seiner »Liebe würdigt«.

Aktuell ist Heloïse das Mädchen seiner Wahl, da kommt es wie gerufen, dass ihr Onkel einen Hauslehrer für sie sucht. Abaelard hat die nötigen Kontakte, er bekommt die Stelle. Und die Sache lässt sich sogar weit besser an, als er ursprünglich zu hoffen gewagt hatte: Der Onkel vertraut ihm die Nichte zur Ausbildung an und bittet ihn, jede ihm zur Verfügung stehende Minute in den Unterricht zu investieren. Sollte er merken, dass sie beim Lernen nachlässig wird, dürfe er sie gerne züchtigen. Fulbert habe ihm, dem hungrigen Wolf, schreibt Abaelard, das Lamm völlig freiwillig überlassen. Selbst schuld sozusagen.

Die Geschichte nimmt ihren Lauf. Allerdings ist es eine Geschichte, in der Heloïse ganz und gar nicht die Rolle eines Lämmchens einnimmt: »Zuerst ein Haus, dann ein Herz und

---

[1]   Das vorangegangene und auch die folgenden Zitate stammen aus dem folgenden Buch: Abaelard und Heloïse. Liebesbriefe. Aus dem Lateinischen übersetzt von Hans-Wolfgang Krautz. Manesse-Verlag Zürich 2014 (= Manesse Bibliothek der Weltliteratur)

So zahm wie auf dieser Zeichnung aus dem 19. Jahrhundert ist es zwischen Abaelard und Heloïse definitiv nicht zugegangen.

eine Seele (...). Unter dem Deckmantel der Unterweisung gaben wir uns ganz der Liebe hin.« So schreibt Abaelard und ergänzt, um den Schein aufrechtzuerhalten, habe er seine Schülerin sogar ab und an verprügelt, ganz wie es Onkel Fulbert angeordnet hatte. Wie sich diese Liaison gestaltet? »Keine Stufe der Liebe ließen wir Leidenschaftlichen aus, und wo die Liebe etwas Ungeheuerliches erfinden konnte, wurde es mitgenommen.« Sex statt Scholastik. Heloïse selber wird in ihren Briefen noch deutlicher: »Begierde mehr als Freundschaft verband Dich mir, Glut der Sinnenlust mehr als Liebe.« Von »Hurerei« spricht sie und versteht dieses Wort als Auszeichnung, nicht als Makel. Keine Sekunde tut ihr leid, was sie mit ihrem Philosophen getrieben hat, auch zehn Jahre später – Heloïse ist längst Ordensfrau – nicht. »Ja, könnte ich nur wenigstens angemessene Reue zeigen für das, was ich getan!« Aber »[w]ie kann man da von wahrer Reue sprechen, wo das Herz noch am Willen zur Sünde festhält und in alten Sehnsüchten glüht?«

Die unerlaubte Affäre zwischen dem Meister und seiner Schülerin bleibt unentdeckt – bis Heloïse schwanger wird. Fulbert ist nicht begeistert.

Abaelard lässt seine Geliebte nach Le Pallet in der Nähe der bretonischen Stadt Nantes bringen, dort bringt sie ihren gemeinsamen Sohn Astralabius (»der zu den Sternen greift«, ca 1118 – nach 1150) zur Welt. Heloïse selber wählt diesen Beinamen aus, mit Taufnahmen heißt ihr Sohn Petrus, so wie sein Vater. In der Literatur wird er allerdings nur als Astralabius geführt.

Und was wird aus …

… Astralabius, dem nachträglich legitimierten Sohn des Skandalliebespaares? Sehr viel wissen wir heute nicht über ihn. Er wird von seiner Tante aufgezogen und dürfte nie mit seinen Eltern in einem gemeinsamen Haushalt gelebt haben. Kontakt haben sie aber offenbar dennoch zu ihm. Ein Mal trifft er seinen Vater sogar persönlich. Auch ein 1000 Verse umfassendes Lehrgedicht, das »Carmen ad Astralabium«, schreibt Abaelard für seinen Sohn. Dieser Text ist in mehreren Handschriften überliefert und liegt mittlerweile auch in einer sogenannten kritischen Edition vor.

Im Jahr 1144, zwei Jahre nach Abaelards Tod, bittet Heloïse in einem Brief Petrus Venerabilis darum, ihrem Sohn »irgendeine Pfründe« zu verschaffen. Ob der Abt von Cluny dieser Bitte nachkommen kann oder will, ist nicht überliefert. Urkundlich nachgewiesen ist Astralabius im Jahr 1150 als Stiftsherr im Dom von Nantes (Bretagne).

Und ab hier beginnen sich seine Spuren zu verlaufen. Rätselraten gibt heute ein Abt Astralabius in Hauterive im Kanton Freiburg/Schweiz auf, der dort für die Jahre 1162 bis 1165 urkundlich nachgewiesen werden kann. Möglicherweise handelt es sich dabei um Heloïses und Abaelards Sohn, aber als gesichert gilt das keineswegs.

Zum letzten Mal lesen wir von »Peter Astralabius, Sohn unseres Meisters Peter« im Totenbuch des Paraklet-Klosters. Dort ist auch notiert, dass er an einem 30. Oktober stirbt, Angaben zu seinem Todesjahr finden sich allerdings nicht. Auch hier müssen wir uns auf eine relative Chronologie beschränken. Da Astralabius im Jahr 1150 in Nantes nachgewiesen ist, wissen wir, dass er erst nach diesem Zeitpunkt gestorben sein kann.

EHEFRAU WIDER WILLEN

Während Heloïse in Le Pallet lebt, einigt sich ihr Geliebter mit dem Onkel auf ordentliche Verhältnisse: Er und Heloïse werden heiraten.

Aber das passt Heloïse ganz und gar nicht! Ihr Argument: Ehe killt guten Sex. Lieber eine uneheliche Beziehung, in der die Treffen selten, dafür aber umso intensiver sind, als abgestandener Pflichtsex in der Ehe. Bei ihr klingt es selbst zehn Jahre später noch kompromissloser: »Mag Dir der Name ›Gattin‹ heiliger und ehrbarer scheinen, mir war allzeit reizender die Bezeichnung ›Geliebte‹, oder gar – verarg es mir nicht – Deine ›Konkubine‹, Deine ›Hure.‹« Sie habe »die Liebe der Ehe, die Freiheit dem Zwang« vorgezogen. Es gehe ihr bis heute nicht um das Ansehen einer wohlhabenden Ehefrau. »Wollte mich heute der Kaiser, der Herr der Welt, der Ehre seines Ehebetts würdigen und mir zusichern, für immer über die ganze Welt gebieten zu können; für süßer und würdiger achtete ich's, Deine Buhlerin zu heißen als seine Kaiserin.«

Aber alles Argumentieren, aller Widerstand hilft ihr nicht, es wird geheiratet. Im Geheimen. Das Kind ist nun nachträglich legitimiert, das Ehepaar selber sieht sich nur noch selten. Aber Fulbert bricht sein

Nicht verwechseln!

Heloïses und Abaelards Sohn trägt den Namen Astralabius, mit einem a, auf Deutsch »der zu den Sternen greift«. Allerdings findet man in der Literatur auch immer wieder die Version Astrolabius. Das ist zwar falsch, der Irrtum ist jedoch verständlich. Denn auch das Astrolabium hat mit dem Sternenhimmel zu tun: Es ist ein scheibenförmiges astronomisches Rechen- und Messinstrument. Man kann mit ihm den sich drehenden Himmel nachbilden und Berechnungen anstellen zu den Positionen der Sterne. Die ersten Astrolabien finden sich bereits zwischen dem zweiten und dem vierten Jahrhundert nach Christus.

Versprechen, das er Abaelard zuvor gegeben hatte, die Eheschließung seiner Nichte geheim zu halten, und erzählt davon im Gegenteil in aller Welt beziehungsweise in ganz Paris herum. Heloïse ihrerseits streitet, von anderen auf die Ehe angesprochen, alles ab, woraufhin der Onkel ungemütlich wird.

Offiziell, um sie vor den Beschimpfungen Fulberts zu bewahren, so zumindest überliefert es uns Abaelard in seinen Briefen, schickt er seine Frau nun in jenes Kloster von Argenteuil, in dem sie bereits als kleines Mädchen gelebt hatte. Er verfügt, dass sie die Ordenstracht anlegen muss, Nonne muss sie zu diesem Zeitpunkt allerdings noch nicht werden.

Angeblich – auch das wissen wir vor allem aus Abaelards Brief – denkt Heloïses Onkel Fulbert, Abaelard habe seine Frau mit diesem Schritt loswerden wollen. Ebenso wahrscheinlich ist aber auch eine späte Rache für die Rufschädigung, die der Philosoph ihm angetan hatte. Wie auch immer, kurz nachdem Abaelard seine Ehefrau gegen deren Willen ins Kloster gebracht hat, bezahlt Fulbert ein paar Männer. Sie dringen nachts in Abaelards Zimmer ein und »(...) beraubten mich der Körperteile, mit denen ich begangen hatte, worüber sie (die Verwandten Heloïses – A.S.) klagten«. Mit anderen Worten: Fulbert lässt Abaelard kastrieren.

ORDENSFRAU WIDER WILLEN

Zugegeben, schön ist so eine Kastration nicht. Schön ist aber auch nicht, was Abaelard danach für seine Frau verfügt: Er selber entschließt sich, in ein Kloster einzutreten. Nicht der Glaube, sondern »die Verlegenheit meiner Scham«, schreibt er später, habe ihn zu diesem Schritt veranlasst. Allerdings beschließt er für seine Frau dasselbe! »Heloïse hatte schon vorher auf mein Geheiß bereitwillig den Schleier genommen (...).« Wirklich bereitwillig? Wenige Zeilen weiter schildert er ihren endgültigen Eintritt in den Orden so: »Unter Tränen brach sie schluchzend in jene Klage (...) aus: »(...) nun empfange mein Opfer / Freudig bring ich es dir.« Mit diesen Worten eilte sie vor den Altar, empfing aus der Hand des Bischofs den geweihten Schleier und legte vor dem gesamten Konvent das Klostergelübde ab.«

In ihren eigenen Worten, gut zehn Jahre später, klingt es sehr nüchtern: »Denn nicht Frömmigkeit, sondern Dein Befehl allein hat mich in blühender Jugend zur Düsternis des Klosterlebens hingezogen.«

Ab jetzt leben sie also in getrennten Klöstern – und machen, jede(r) für sich, »Karriere«: Abaelard erholt sich relativ rasch und setzt seine Laufbahn als streitbarer Theologe fort. Schließlich gründet er in der Champagne eine Einsiedelei mit angeschlossenem Oratorium (einem Raum für das Gebet), er widmet beides dem Paraklet, dem heiligen Geist. Seine Schüler folgen ihm hierher und lauschen den Lehren ihres Idols. 1127 lässt er sich zum Abt des Klosters von Saint-Gildas-en-Rhuys in der Nähe der bretonischen Kleinstadt Vannes wählen.

Als zwei Jahre später, 1129, die Nonnen von Argenteuil aus ihrem Kloster vertrieben werden, überlässt Abaelard das Paraklet-Kloster Heloïse – die inzwischen zur Priorin ernannt wurde – und ihren Frauen.

Erst in dieser Zeit nehmen die beiden den Kontakt zueinander wieder auf. Oder eher: meldet sich Abaelard wieder in Heloïses Leben zurück. Sie hat ihn vermisst. Und sie ist erbost: »Nur das eine sag mir, wenn Du kannst: warum ich nach unserem Eintritt ins Kloster, den Du allein beschlossen hast, so sehr Deiner Nachlässigkeit und Vergesslichkeit zum Opfer gefallen bin, dass ich mich weder an einem Gespräch mit dem Anwesenden erquicken noch mit einem Brief des Abwesenden trösten konnte. Warum das? Sag es, wenn Du kannst, oder ich spreche aus, was ich denke, ja, was jedermann argwöhnt.« Sie spricht es aus, desillusioniert und so ehrlich wie alles, was sie in diesem ersten Brief an Abaelard schreibt: »Begierde mehr als Freundschaft verband Dich mir, Glut der Sinneslust mehr als Liebe. Wo dahin ist, was Du begehrtest, ist zugleich erloschen, was Du um dessentwillen einst an den Tag legtest.«

Sicher, auch Heloïse betont in ihrem Schreiben immer wieder, wie sehr sie sich körperlich zu Abaelard hingezogen fühlte und nach wie vor fühlt. Aber offenbar ging es ihr immer auch um mehr als den reinen Sex. Jetzt wirft sie ihm vor, er sei ausschließlich an Letzterem interessiert gewesen.

Seinen nächsten Brief überschreibt er mit dem Gruß an »Heloïse, seine geliebte Schwester in Christo – Abaelard, ihr Bruder im Herrn.« Nicht aus Gleichgültigkeit habe er nie von sich hören lassen, sondern weil er sie für so klug hielt, dass sie seinen geistlichen Beistand nicht gebraucht habe ... »Wenn es Dir aber in Deiner Bescheidenheit anders erscheint und Du auch in religiösen Dingen meine schriftliche Belehrung benötigst, so schreibe mir, worüber du belehrt sein willst, und ich werde Dir zurückschreiben, soweit der Herr es mir vergönnt.« Der kluge Geistliche steht der Äbtissin bei?

Sie lässt ihn mit diesem Selbstbetrug nicht durch: »Dein Befehl hat mich zur Tracht der Frömmigkeit gezogen, nicht die Liebe zu Gott.« Schonungslos ehrlich konfrontiert sie ihn mit dem, was er (vielleicht) lieber nicht wissen möchte: »Man preist mich keusch, weil man die Heuchelei nicht entdeckt. (...) Mann nennt mich fromm zu einer Zeit, in der nur der geringste Teil der Frömmigkeit keine Heuchelei ist (...).« Später im selben Brief wechselt sie den Ton: Ja, sie benötige seinen geistlichen Beistand, seine religiöse Unterweisung.

Möglich, dass sie es wirklich so meint, möglich aber auch, dass sie den einzigen Weg wählt, den Abaelard ihr noch lässt, um ihn nicht völlig zu verlieren. Von nun an wird er ihr geistlicher Beistand.

UND DANN ...

Was nun folgt, ist schnell erzählt: 1133 gibt Abaelard das Klosterleben wieder auf. Er wird begeistert zurück auf der Bühne der wissenschaftlichen Lehre empfangen. Allerdings gerät er ins Visier des Zisterzienserabts Bernhard von Clairvaux (1090–1153), der einen Teil seiner Lehren als häretisch brandmarkt. Eine Annäherung der beiden funktioniert nicht, am 25. Mai 1141 klagt Bernhard Abaelard vor dem Konzil zu Sens der Häresie an. Im Juni verurteilt ihn Papst Innozenz II. zu Klosterhaft und ewigem Schweigen. Im selben Jahr erkrankt Abaelard und sucht Zuflucht bei seinem Freund Petrus Venerabilis (1092/94–1156), dem Großabt des Klosters Cluny. Der erreicht schließlich sogar eine Aussöhnung zwischen Abaelard und Bernhard. Bis zu seinem Tod im April des darauffolgenden Jahres 1142 bleibt Abaelard im Kluniazenserpriorat Saint-Marcel bei Chalon-sur-Saône. Auf Heloïses Bitten überführt Petrus Venerabilis den Leichnam schließlich zu ihr in das Paraklet-Kloster.

Und auch Heloïse selber kann in gewisser Weise eine glanzvolle »berufliche« Laufbahn vorweisen:

Das Paraklet-Kloster kurz vor seiner Zerstörung, Kupferstich aus dem Jahr 1793

Das Grabmal auf dem Friedhof Père Lachaise

Zuerst als Priorin, später als Äbtissin baut sie das ursprünglich kleine Paraklet-Kloster zu einem neuen Frauenkonvent mit fünf Prioraten (Klosterniederlassungen) und einem Filialkloster aus. Die Nonnen leben nach einer erleichterten Benediktinerregel. Ob Abaelards einstige Geliebte schließlich doch noch Äbtissin aus religiöser Überzeugung wird oder ob sie einfach nur herausragende Führungsqualitäten besitzt, bleibt unklar.

Heloïse stirbt im Jahr 1164, 22 Jahre nach Abaelard. Auf ihren Wunsch wird sie neben ihm in der Kapelle Petit Moustier im Paraklet-Kloster beigesetzt. Im Jahr 1792 in der Zeit der Französischen Revolution wird das Kloster zunächst geschlossen, später fast völlig zerstört. Im Jahr 1817 errichtet man dem großen Liebespaar zu Ehren auf dem Pariser Friedhof Père Lachaise ein Grabmal, in das die wenigen Überreste der beiden verbracht werden.

Agnes Bernauer

Zur Lebensgeschichte der Augsburger Baderstochter Agnes Bernauer haben wir bis heute mehr Fragezeichen als historisch belegte Fakten. Aber: Es hat sie gegeben, und das, was wir über ihr Schicksal wissen, ist so glanzvoll und endet so tragisch, dass es die Phantasie der Dichter mehrerer Jahrhunderte zur Hochform auflaufen ließ. Darum soll auch sie Aufnahme in dieses Buch finden, wenngleich sie an sich nicht zu den historisch herausragenden Frauen gehört.

Geboren wird sie vermutlich um das Jahr 1410 herum, ihr Vater dürfte der Augsburger Bader Kaspar Bernauer sein (seine Existenz ist allerdings historisch nicht nachgewiesen). Über ihre Kindheit wissen wir nichts. Im Februar 1428 allerdings kommt der bayerische Herzogssohn Albrecht III. (1401–1460) nach Augsburg, um hier an einem Turnier teilzunehmen. Wahrscheinlich lernt er Agnes bei diesem Aufenthalt kennen. Er verliebt sich in sie und holt sie kurz darauf als seine Geliebte zu sich nach München. Einziger Beleg dafür ist eine Steuerliste aus demselben Jahr, in der eine »pernawin« verzeichnet ist, vermutlich ist damit Agnes Bernauer gemeint.

Die schöne Baderstochter Agnes Bernauer

Spätestens ab dem Jahr 1432 gehört Agnes definitiv dem Münchner Hof an. Auf ihr Geheiß hin wird der Raubritter Münnhauser festgenommen. Vor allem aber zieht sich die allzu selbstbewusst auftretende Bürgerstochter den Zorn einiger Adeliger zu. Eventuell ist sie zu diesem Zeitpunkt mit Herzog Albrecht verheiratet, sicher ist das aber nicht. Ohnehin ist nicht ganz klar, ob die beiden überhaupt heiraten. Was allerdings als historisch belegt gilt,

Hier soll der Herzog mit seiner Geliebten gelebt haben: Schloss Blutenburg in München

sind Albrechts häufige Aufenthalte auf Schloss Blutenburg (im heutigen Münchner Stadtteil Obermenzing gelegen) ab dem Jahr 1433 und der Verkauf zweier Höfe in der Nähe des Schlosses an Agnes zu Beginn dieses Jahres. Daraus schließt man, dass das Paar dort im Schloss zusammenlebt. Gemeinsame Kinder dürften sie nicht haben.

Würde die Geschichte an diesem Punkt enden, wäre sie das klassische Märchen vom Mädchen, das der adelige Herr mit auf sein Schloss nimmt und zu seiner Frau macht. Wenn nicht Albrechts Vater Herzog Ernst (von Bayern-München, 1373–1438) wäre … Denn anders als in vielen Märchen, in denen anscheinend niemand Anstoß an der unstandesgemäßen Partnerwahl des Thronfolgers nimmt, passt Papa Ernst die Auserwählte seines Sohnes überhaupt nicht ins Konzept. Vor allem nicht ins Erbschaftskonzept.

Während Albrecht gerade seine Verwandtschaft besucht, lässt der alte Herzog die Baderstochter verhaften und am 12. Oktober 1435 bei Straubing in der Donau ertränken. Agnes wird in einen Sack gesteckt und von einer Brücke gestürzt. Sie versucht sogar noch, ans Ufer zu schwimmen, wird aber vom Henker mit einem Stab wieder unter das Wasser gedrückt. Als Grund für ihre Hinrichtung führt Herzog Ernst übrigens in einem Schreiben an Kaiser Sigismund an, Agnes sei ein »böses Weib«, seinem Sohn ginge es schon seit mehreren Jahren nicht mehr gut mit ihr. Da Unglück in der Ehe aber als Grund für ein Todesurteil kaum ausreicht, ergänzt er noch, Agnes habe Mordpläne gegen ihn und seine Familie gehabt.

Nicht weniger knapp als die Informationen zu Agnes Tod sind auch die Angaben zu Herzog Albrechts Reaktion: Erst einmal ist er ziemlich sauer auf seinen Vater und droht sogar mit Krieg. Aber die beiden versöhnen sich gleich wieder, und Albrecht macht es dieses Mal so, wie der alte Herzog es sich vorstellt. Er heiratet ein gutes Jahr später Anna von Braunschweig-Grubenhagen und zeugt mit ihr zehn Kinder. Immerhin stiftet er Agnes noch im Dezember 1435 eine ewige Messe, 1447 erweitert er die Stiftung seiner »ersamen frauen Agnesen der Pernauerin« noch einmal. Albrecht muss wirklich ziemlich böse gewesen sein auf seinen Vater, denn auch Herzog Ernst lässt bereits im Jahr 1436 auf dem Friedhof St. Peter zu Straubing eine Agnes-Bernauer-Kapelle errichten. Aus schlechtem Gewissen der unschuldig hingerichteten Geliebten seines Sohnes gegenüber oder als versöhnliche Geste an den Sohn? Wir wissen es nicht.

Eine Geschichte wie die der Agnes Bernauer ist für die Dichterzunft ein dankbares Thema. Zahlreiche Autoren haben ihr Schicksal bedichtet, darunter bereits der Nürnberger Meistersinger Hans Sachs (1494–1576) und der Barocklyriker Christian Hoffmann von Hoffmanswaldau (1616–1679). Außerdem gibt es (unter vielem anderen) ein Singspiel zu ihr, ein Ballett und drei Opern (sie alle werden heute nicht mehr gespielt). Im Jahr 1781 wurde in Mannheim das Schauspiel »Agnes Bernauerin« aus der Feder des Münchners Joseph August von Toerring (1753–1826) uraufgeführt und ist in den kommenden Jahren an zahl-

Im Innenhof des Straubinger Herzogsschlosses finden die Agnes-Bernauer-Festspiele statt.

reichen deutschsprachigen Bühnen zu sehen. In der Folge entsteht eine regelrechte Schwemme an Theaterfassungen des Stoffes. Die bekannteste Dramatisierung, »Agnes Bernauer«, aber stammt von Friedrich Hebbel (1813–1863). Und noch einmal ein Ausflug in die Musik: Im Jahr 1947 schreibt der Komponist Carl Orff seine »Bernauerin«, 1958 wird das Werk verfilmt, 1980 als Hörspiel aufgenommen.

Auch bei Laienbühnen ist die Geschichte von der Baderstochter und dem Herzog ein beliebtes Sujet. Seit dem Jahr 1935 finden alle vier Jahre im Innenhof des Straubinger Herzogsschlosses die Agnes-Bernauer-Festspiele statt. In regelmäßigen Abständen wird dafür eine neue Schauspielfassung geschrieben. (Siehe dazu auch Infos im Anhang.)

Lucrezia Borgia

Im letzten Abschnitt dieses Buches folgt noch einmal eine ordentliche Portion Glamour, kombiniert mit Skandalen und Gerüchten. Besser als die Familie Borgia im Italien des 16. Jahrhunderts schafft das keine TV-Serie unserer Zeit. Manchmal übertrifft die Realität tatsächlich die Fiktion. Zumindest kann sie gelegentlich gut mit ihr Schritt halten.

Sicher ist die Frage gerechtfertigt, warum in ein Buch über Frauen des Mittelalters die Renaissance-Fürstin Lucrezia Borgia aufgenommen wird. Zum einen sind die Epochendefinitionen zum Teil fließend. Zu einer Zeit, in der wir uns auf der einen Seite der Alpen noch im ausgehenden Mittelalter befinden, wird die andere Seite bereits der Renaissance zugerechnet. Zum anderen steht das Schicksal der Lucrezia Borgia geradezu prototypisch für die Art und Weise, in der zu dieser Zeit Töchter wohlhabender Familien in allererster Linie als Schacherware in der Machtpolitik ihrer Familien dienen.

Giftmischerin, Ehebrecherin, Blutschänderin auf der einen Seite. Eine engelsschöne Frau voller Würde, Anstand und Grandezza auf der anderen Seite. Beides wird Lucrezia Borgia von ihren Zeitgenossen bestätigt. Vor allem aber ist sie eines: Objekt in den ehrgeizigen Plänen ihres Vaters.

LUCREZIA WIRD ZUR HEIRATSWARE

Sie kommt im Jahr 1480 entweder in Rom oder in Subiaco zur Welt, als Tochter des Spaniers Roderic Llançol i de Borja (ital.: Rodrigo Borgia), dem späteren Papst Alexander VI. (1431–1503) und seiner Geliebten Vanozza de Cattanei (1442–1518). Vier Kinder hat der damalige Kardinal Borgia mit seiner – übrigens bereits anderweitig verheirateten – Mätresse: Lucrezia, Cesare, Juan und Jofré Borgia.

Lucrezia wächst zunächst bei ihrer Mutter, später bei ihrer Tante Adriana de Mila auf, sie erhält eine für adelige Mädchen dieser Zeit typische gute Ausbildung, spricht mehrere Sprachen und ist sehr literaturinteressiert.

Am 11. August 1492 wird ihr Vater zum neuen Papst gewählt, er trägt ab jetzt offiziell den Namen Alexander VI. Allerdings gibt es diese Wahl nicht umsonst: Sein Kardinal Ascanio Sforza (1455–1505) hat Vorarbeit geleistet und die anderen Kardinäle mit Pfründen, Ämtern, Abteien und Bistümern dem Papstanwärter Rodrigo Borgia gewogen gemacht.

Und nun, endlich im höchsten kirchlichen Amt, bekennt sich der neue Papst auch offiziell zu seinen vier Kindern. Natürlich nicht aus reinem Altruismus: Geschicktes Taktieren soll den Borgias nun zu Glanz und Ruhm verhelfen.

Das wird diesem Papst zwar den Ruf als verruchtestes und moralisch verwerflichstes Oberhaupt der katholischen Kirche eintragen, aber das ist ihm herzlich gleichgültig. Macht hat eben ihren Preis. Und ein Teil des Preises ist seine Tochter Lucrezia. Nur fragt die keiner, ob sie dieser Preis sein möchte.

Sie ist jetzt auf dem Heiratsmarkt begehrt, und Ascanio Sforza hat bei ihrem Vater für seine aktive Unterstützung im Wahlkampf um das Papstamt noch etwas gut: Es wäre doch

Ein Machtmensch allererster Güte: Papst Alexander VI.

wirklich schön, wenn die Familie Sforza mit den Borgias eine Allianz eingehen könnte. Sein Verwandter Giovanni Sforza, Graf von Cotignola (1466–1510), ist seit dem Tod seiner Frau im Jahr 1490 wieder frei.

Die Sache ist abgemacht, zumindest zwischen Giovanni Sforza und Lucrezias Vater. Am 8. November 1492 wird der Ehekontrakt aufgesetzt, am 12. Juni des Folgejahres wird die Ehe geschlossen. Lucrezia ist zu dieser Zeit 13 Jahre alt, wegen ihrer Jugend soll die Ehe erst später vollzogen werden. Ob das jemals geschieht, ist allerdings fraglich, schwanger zumindest wird das Mädchen in den vier Jahren nicht, in denen sie mit Giovanni Sforza verheiratet ist.

EHE NUMMER EINS: MIT GIOVANNI SFORZA

Wie so oft in der Geschichte kommt es zum Krieg: Der französische König Karl VIII. (1470–1498) startet 1494 einen Feldzug nach Italien, Ziel ist es, sich das Königreich Neapel einzuverleiben. Er verbündet sich mit der Familie Sforza in Mailand. Dummerweise steht die Familie Borgia allerdings auf Seiten der anderen italienischen Staaten. Lucrezias Ehemann Giovanni gerät zwischen die Parteien. Er schließt sich dem neapolitanischen Heer an, arbeitet aber gleichzeitig als Spitzel für Mailand. 1497 wird ihm klar, dass er der Familie Borgia nicht mehr genehm ist, er sucht das Weite und hinterlässt eine Nachricht, er sei aus »Unzufriedenheit mit dem Papst« geflohen.

Es erstaunt wenig, dass Alexander VI. mit der Ehe seiner Tochter nun kein bisschen einverstanden mehr ist. Um sie aber aufzulösen, braucht es einen Grund, den die Kirche akzeptieren kann. Lucrezia ist nicht schwanger, sie selbst als zeugungsunfähig hinzustellen, würde sie für jede kommende Ehe untauglich machen. Also bleibt nur eins: Giovanni Sforza ist schuld! Die Ehe wurde nie vollzogen, denn Giovanni ist – impotent. Zu diesem Ergebnis kommt zumindest eine vom Papst eingesetzte Kommission. Die Ehe wird am 20. Dezember 1497 geschieden. Verständlicherweise ist Giovanni Sforza jetzt ziemlich sauer. Wir wissen nicht, wie es tatsächlich um seine Potenz bestellt war, aber er setzt nun seinerseits ein Gerücht in die Welt: Papst Alexander habe die Ehe nur deshalb aufgelöst, damit er und sein Sohn Cesare ab jetzt ungestört Unzucht mit Lucrezia treiben könnten.

EHE NUMMER ZWEI: MIT ALFONSO VON ARAGON

An Unzucht denken aber weder Vater noch Bruder, stattdessen verheiraten sie Lucrezia ein zweites Mal. Dieses Mal fällt die Wahl auf Don Alfonso von Aragon, Herzog von Bisceglie und Prinz von Salerno (1481–1500). Vor allem aber fällt sie damit auf den Neffen des Königs Federigo von Neapel aus dem Haus Trastámara (Kastilien). Denn diese Ehe soll die Verbindung der Borgias zu Neapel und zu Spanien festigen. In Abwesenheit beider Brautleute wird im Juni 1498 im Vatikan der Ehevertrag unterschrieben, im Juli findet die Hochzeit statt. Im November gebärt Lucrezia den gemeinsamen Sohn Rodrigo (1499–1512).

In der Zwischenzeit haben sich allerdings Papa Alexander VI. und sein Sohn Cesare mit den Franzosen gegen Spanien verbündet. Alfonso als Thronerbe Neapels passt nun gar nicht mehr gut ins Konzept, denn Neapel beanspruchen jetzt die Franzosen für sich. Und so greift man zu einem in der Geschichte gut erprobten Mittel, man lässt Alfonso ermorden. Ganz so einfach wie gedacht funktioniert die Sache allerdings nicht: Am 15. Juni des Jahres 1500 wird Lucrezias Ehemann auf dem Weg zum Palazzo Santa Maria in Portico, in dem das Ehepaar wohnt, überfallen und schwer verletzt. Dummerweise kann sich Alfonso aber in den Vatikan retten, die Banditen entkommen, niemand weiß später genau, wer hinter diesem Anschlag steckt. Papst Alexander lässt seinen Schwiegersohn, fürsorglich, wie es sich gehört, natürlich sofort in seinen Räumlichkeiten unterbringen und will ihn von seinen eigenen Ärzten untersuchen lassen. Alfonso befürchtet jedoch einen Hinterhalt und lässt daher den Leibarzt seiner eigenen Familie nach Rom kommen. Lucrezia und ihre Schwägerin Sancia sind die ganze Zeit bei ihm, Lucrezia lässt die Räumlichkeiten im Vatikan von Leibwächtern bewachen. Alfonso erholt sich überraschend gut. Dann allerdings dringt auf einmal eine Truppe Männer unter der Anführung von Cesares Hauptmann Michelotto Corella in die Räume ein. Sie lassen die Leibwächter abführen. Auf Lucrezias entsetzte Frage, was das solle, antwortet Michelotto, er handle nur auf Befehl anderer, sie könne aber gerne den Papst persönlich um Rat fragen, was zu tun sei, auf dessen Geheiß hin würde man die Gefangenen sicher freilassen. Lucrezia und Sancia machen sich auf den Weg zu Alexander, und während ihrer Abwesenheit erwürgt Michelotto kurzerhand Alfonso. Ein Zeitgenosse notiert dazu lakonisch, da Alfonso sich weigerte, an seinen Wunden zu sterben, wurde er erdrosselt. Als Auftraggeber sowohl hinter dem ersten Anschlag als auch dem Mord werden Lucrezias Bruder, noch mehr aber ihr Vater vermutet.

Lucrezia trifft der Mord sehr, sie zieht sich nach Nepi (im Latium gelegen) zurück, diesen Ort hatte ihr Vater ihr bereits vor einigen Jahren vermacht. Zwei Monate später taucht allerdings ihr Bruder Cesare bei ihr auf, mimt den Reuevollen, der nur aus Notwehr (welcher Notwehr?) gehandelt habe, und Lucrezia versöhnt sich mit ihrer Familie. Ein Jahr später hat sie sich wieder gefangen, ihre alte Heiterkeit ist zurückgekehrt.

EHEPOKER

Lucrezia ist jetzt 21 Jahre alt, einmal geschieden, einmal verwitwet. Und ihr Vater hat bereits neue Pläne für sie beziehungsweise das Imperium Borgia. Das Herzogtum Ferrara als neuer Bündnispartner wäre nun ganz nett. Dort gibt es Alfonso l. d'Este (1476–1534), seit 1497 verwitwet und steinreicher Erbe. Aber, sieh an, sowohl Alfonso als auch sein Vater Ercole l. (1431–1505) weigern sich erst einmal. Der Papsttochter wird Inzucht nachgesagt, unehelich geboren ist sie außerdem, das alles schade, lässt man verlauten, dem Ruf des Hofes in Ferrara. Zwar steht es dort um die Moral nicht unbedingt besser, Alfonsos Großvater hatte selber mehr als 22 außereheliche Kinder gezeugt. Aber hier zeigt sich wieder einmal ein altes Prinzip: Männer dürfen so einiges, Frauen gar nichts! Einmal davon abgesehen, dass Lucrezia das Opfer von Verleumdung durch ihren ersten Mann geworden ist.

Der Borgia-Klan

Papst Alexander VI. verheiratet nicht nur seine Tochter Lucrezia gewinnbringend, wobei hier das Pendel zwischen Fürsorge und Machtpolitik eindeutig in Richtung des zweiten ausschlägt. Auch seine drei Söhne aus der Beziehung mit Vanozza de Cattanei versorgt er gut.

Cesare (1475–1507) ernennt Alexander mit 17 Jahren zum Kardinal. Das liebe Kind hat aber wenig Ambitionen auf ein kirchliches Amt, und als sein Bruder Juan ermordet wird, bittet er Papa darum, ihn von der ungeliebten Funktion wieder zu befreien. An sich ein Ding der Unmöglichkeit, Kardinal ist man auf Lebenszeit. Aber nicht bei den Borgias. Cesare darf gehen und ist ab nun Feldherr und Herzog in der Provence.

Juan (1476/78–1497) ernennt er zum Oberbefehlshaber der päpstlichen Armee. Er schafft das Herzogtum Benevent, macht Juan zu dessen Herzog und übergibt es ihm zusammen mit den Städten Terracina und Pontecorvo. Die allerdings gehören eigentlich in den Besitz des Kirchenstaates, und das bekommt Juan weniger gut: Eine Woche nach seiner Ernennung wird er ermordet.

Jofré (1481/82–1516) ist der unscheinbarste der vier Geschwister. Er wird von seinem Vater mit Sancia von Aragon verheiratet, ist allerdings in dieser arrangierten Ehe zutiefst unglücklich. Als sein Vater stirbt, lässt er sich scheiden und heiratet María de Milán y Aragón, eine Hofdame Catalinas von Aragon, mit der er offenbar ein glückliches Leben führt.

Papa Borgia greift nun zu einem recht eigenwilligen Mittel, um den Herrschaften in Ferrara zu zeigen, was für eine Tochter er hat: Er bevollmächtigt Lucrezia, ihn während seiner Abwesenheit vom 25. September bis zum 17. Oktober 1501 im Vatikan zu vertreten. Sie darf in dieser Zeit seine Post öffnen und zusammen mit einem Kardinal, der ihr zur Seite gestellt ist, weitgehend eigene Entscheidungen treffen. Eine Frau vertritt den Papst, noch dazu seine eigene Tochter!

Möglich, dass dieser Spielzug Ercole beeindruckt hat, denn ganz so abgeneigt ist er einer Eheschließung nun nicht mehr. Vor allem aber stellt er Forderungen an den Papst. Die Verhandlungen ziehen sich über Monate hin, Alfonsos Vater pokert außerordentlich hoch: Er verlangt als Mitgift für Lucrezia 200.000 Dukaten, seine kirchlichen Abgaben als Vikar von Ferrara müssen von 4000 auf 100 Dukaten im Jahr gesenkt werden, außerdem soll sein dritter Sohn Ippolito mit dem Bistum Ferrara belehnt werden. Dann wären noch die Ortschaften Pieve und Cento als Dreingabe ganz hübsch. Und damit keine Missverständnisse aufkommen: Die Mitgift wird zuerst an seine Gesandten ausgehändigt, vorher betritt Lucrezia die Stadt Ferrara nicht!

Alexander muss auf diese Forderungen wohl oder übel eingehen. 100.000 Dukaten gibt es in bar, 75.000 weitere in Schmuck, Kleidungsstücken und Wertgegenständen. Ungefähr weitere 100.000 Dukaten gewinnt Ercole d'Este durch Senkung der Kirchenabgaben. Soweit wäre alles besprochen. Und dann ist da der »Kastanienball« ... 50 unbekleidete Kurtisanen, überall Kerzenleuchter, der Fußboden voller Kastanien, die die Damen einsammeln sollen – und mittendrin in dieser exklusiven kleinen Privatfeier Lucrezia, die Papsttochter und künftige Fürstin von Ferrara? Den »Kastanienball«, wie er später genannt wird, ordnen Historiker heute eher im Bereich der Mythen und Märchen ein.

Angeblich soll am 31. Oktober 1501 Lucrezias Bruder Cesare jenes skandalumwobene Bankett im Apostolischen Palast(!) veranstaltet haben. Es ist ein Wettkampf der Potenz, ein Fest für echte Männer: Derjenige nämlich, der mit den 50 zur Auswahl stehenden Edelhuren an diesem Abend am häufigsten Sex hat, wird am Ende der Orgie prämiert. Hat Lucrezia zugeschaut? Hat sie sogar mitgemacht, möglicherweise als eine der 50 Damen? Vor allem: Gab es je einen solchen Ball?

Lucrezias Ruf vor der Hochzeit ist auf alle Fälle nicht der beste, und selbst wenn die Borgias die Eskorte aus Ferrara, die die Braut abholen soll, mit allem erdenklichen Pomp empfangen, schickt man aus Ferrara erst einmal einen Gesandten zu Lucrezia, der sie in Augenschein nimmt. Der aber gibt Entwarnung auf ganzer Linie:

»Mein erlauchtester Herr«, schreibt er nach Ferrara an Alfonsos Vater Ercole. »Heute nach dem Abendessen begab ich mich (...) zur erlauchtesten Donna Lucrezia, um mit derselben im Namen Ew. Exzellenz und Sr. Herrlichkeit Don Alfonso aufzuwarten. Bei dieser Gelegenheit hatten wir ein langes Gespräch über verschiedene Dinge. Sie gab sich hier in Wahrheit als sehr klug und liebenswürdig und von guter Natur zu erkennen, Eurer Exzellenz und dem Erlauchten Don Alfonso höchst ehrerbietig ergeben, so dass man wohl urteilen darf, dass Eure Hoheit und Don Alfonso über sie eine wahre Genugtuung empfinden werden. Sie besitzt außerdem eine vollkommene Grazie in allen Dingen, nebst Bescheidenheit, Lieblichkeit und Sittsamkeit. Nicht minder ist sie eine gläubige Christin und

Mögliches Porträt von Lucrezia Borgia als Herzogin von Ferrara. Gemälde von Dosso Dossi, ca. 1518

zeigt sich gottesfürchtig. (...) Ihre Schönheit ist schon hinreichend groß; aber die Gefälligkeit ihrer Manieren und die anmutige Weise sich zu geben, lassen sie noch weit größer erscheinen: Kurz und gut, ihre Eigenschaften dünken mir von solcher Art, dass man von ihr nichts Schlimmes zu argwöhnen hat, vielmehr nur die besten Handlungen zu erwarten berechtigt ist.«

EHE NUMMER DREI: MIT ALFONSO D'ESTE

Am 30. Dezember 1501 wird Lucrezia zum dritten Mal verheiratet. Ihr neuer Ehemann ist nicht anwesend, sondern wird von seinem Bruder vertreten.

Kleine Doppelmoral am Rande: Lucrezia wird mit Schmuck im Wert von 75.000 Dukaten ausgestattet. Davon gehört ihr allerdings nur der Ehering. Ercole, Alfonsos Vater, will damit sicherstellen, dass der restliche Schmuck den Estes nicht verlorengeht, sollte Lucrezia untreu und die Ehe deshalb aufgelöst werden. Wir erinnern uns: Alfonsos Großvater hatte seinerzeit mehr als 20 außereheliche Kinder gezeugt. Was dem einen erlaubt ist …

Am 6. Januar 1502 tritt Lucrezia ihre Reise nach Ferrara an. Ihr Zug soll aus 660 Maultieren und Pferden sowie 750 Personen bestehen, darunter Köche, Sattler, Schneider, Kellermeister und ihr persönlicher Goldschmied. Nur ihren Sohn Rodrigo aus der zweiten Ehe darf sie nicht mitnehmen, er bleibt bei einer Verwandten in Rom.

Lucrezia und ihr Mann Alfonso führen keine Liebesehe. Aber sie begegnen einander mit Respekt und können sich aufeinander verlassen. Respekt der Ehefrau gegenüber schließt allerdings das Amüsement mit Mätressen, Hofdamen und Prostituierten durchaus mit ein, während auf Lucrezia die Richtstätte hinter dem Schloss wartet, sollte sie auf die Idee kommen, sich auch nur ein einziges Mal einem anderen als ihrem angetrauten Mann zuzuwenden.

Respekt drückt sich aber tatsächlich auch darin aus, dass Alfonso seine Frau mit Staatsangelegenheiten betraut. Im Jahr 1506 etwa erlässt sie ein Gesetz, das den Schutz der Juden in Ferrara gewährleistet.

Im Jahr 1503 stirbt Papst Alexander VI. an der Malaria. Längst nicht jeder trauert so um diesen Mann wie seine Tochter. Der Mann ihrer Schwägerin Isabella d'Este, Francesco Gonzaga Markgraf von Mantua, schreibt an seine Frau: »Es gibt auch Menschen, welche versichern, dass sie im Augenblick, da er seinen Geist aufgab, sieben Teufel in seiner Kammer gesehen haben. Als er tot war, begann sein Körper in Gärung zu geraten und sein Mund zu schäumen wie ein Kessel über Feuer. Ein Lastträger schleifte ihn vom Totenbette mit einem Strick am Fuß zu dem Orte hin, wo man ihn begrub, denn niemand wollte ihn berühren.«

Die Stadt Ferrara in unserer Gegenwart

Zwei Jahre später stirbt auch Alfonsos Vater Ercole I. und Alfonso tritt seine Nachfolge an. Er ist nun Herzog von Ferrara, Modena und Reggio, Lucrezia wird zur Herzogin von Ferrara. Sie ist kunst- und literaturbegeistert und sammelt als Mäzenin berühmte Künstler ihrer Zeit um sich, darunter den Gelehrten Pietro Bembo (1470–1547) und den Humanisten und Autor Ludovico Ariosto (1474–1533).

In den Jahren 1509 bis 1512 herrscht Krieg in Ferrara, ausgelöst letztlich durch die Feindseligkeiten des neuen Papstes Julius II. (1443–1513), der die Stadt inbrünstig hasst. In diesen Kriegsjahren verändert sich Lucrezia, Feste und Prunk verlieren an Bedeutung, stattdessen versucht sie, Geld für den Krieg einzutreiben. Dazu verkauft sie sogar Schmuck aus ihrer großen Sammlung. Und sie wendet sich zunehmend einem religiösen Leben zu, besucht Klöster und unterstützt sie genauso großzügig wie die Hospitäler des Herzogtums.

In ihrer dritten Ehe gebiert Lucretia acht Kinder, vier davon erreichen das Erwachsenenalter. Im Juni des Jahres 1519 bringt sie ein letztes Kind zu Welt, aber das Mädchen kann nur noch in einer Nottaufe auf den Namen Isabella Maria getauft werden, dann stirbt es. Lucrezia spürt, dass sie sehr krank ist. Wenige Tage nach der Entbindung, am 22. Juni, diktiert sie einen Brief an den neuen Papst Leo X. (1475–1521, übrigens mit bürgerlichem Namen Giovanni de Medici). Sie bittet ihn darum, »meiner Seele die heilige Benediktion {zu] erteilen.« Er kommt ihrem Wunsch nach. Am 24. Juli stirbt Lucrezia im Alter von 39 Jahren am Kindbettfieber. Ihr Mann ist bis zum Schluss bei ihr. Er trauert aufrichtig um sie, wie aus einem Brief an seinen Neffen Federigo Gonzaga deutlich zu erkennen ist:

»Gott unserem Herrn hat es gefallen, in dieser Stunde die Seele der Erlauchtesten Frau Herzogin, meiner teuersten Gattin, zu sich zu rufen (...). Und nicht ohne Tränen kann ich dies schreiben, so schwer wird es mir, mich einer so lieben und süßen Gefährtin beraubt zu sehen, denn das war sie mir durch ihre guten Sitten und die zärtliche Liebe, die zwischen uns bestand.«

Lucrezia Borgias Grab befindet sich beim Chor des Klosters Corpus Domini in Ferrara.

Anhang

Weiterführende Literatur

Da dieses Buch eine Vielzahl einzelner Biographien behandelt, habe ich mich entschieden, lediglich eine kleine Auswahl an weiterführender Literatur in meine Bibliographie aufzunehmen. Die hier angeführten Bücher sind in der Mehrzahl Werke, die einen allgemeinen Überblick über das Thema geben bzw. in die Thematik einführen. Wer weiter ins Detail gehen möchte, kann sich an die Literaturhinweise halten, die sich jeweils in diesen Büchern finden.

Borst, Otto: Alltagsleben im Mittelalter, Frankfurt am Main 1983

Bumke, Joachim: Höfische Kultur. Literatur und Gesellschaft im hohen Mittelalter, 2 Bände, 3. Auflage, München 1986

Dinzelbacher, Peter: Heilige oder Hexe? Schicksale auffälliger Frauen in Mittelalter und Frühneuzeit, Zürich/London 1995

Ders.: Christliche Mystik im Abendland. Ihre Geschichte von den Anfängen bis zum Ende des Mittelalters, Paderborn/München/Wien/Zürich 1994

Ders.: (Hrsg.): Sachwörterbuch der Mediävistik, Stuttgart 1992 (= Kröner Taschenausgabe, Band 477)

Ennen, Edith: Frauen im Mittelalter, 6. Auflage, München 1999

Nolte, Cordula: Frauen und Männer in der Gesellschaft des Mittelalters, Darmstadt 2011

Wer die Liebesgeschichte von Abaelard und Heloïse nachlesen möchte, dem sei das folgende Büchlein empfohlen:

Abaelard und Heloïse. Liebesbriefe. Aus dem Lateinischen übersetzt von Hans-Wolfgang Krautz, Manesse-Verlag Zürich 2014 (= Manesse Bibliothek der Weltliteratur)

Romane, Filme und mehr

(SOFERN NICHT BEREITS IM TEXT ANGEFÜHRT)

Hildegard von Bingen

Die **Kompositionen** Hildegards sind unter anderem auf der CD »Ordo Virtutum (Spiel der Kräfte)« zu hören, aufgenommen von Sequentia, einem Ensemble für mittelalterliche Musik (es gibt vom selben Ensemble zwei verschiede Einspielungen des Werks).

Das **Hörspiel** »Hildegard von Bingen. Eine Zeitreise« von Nadja Reichardt nach dem Theaterstück »Eine Schwalbe im Krieg« stellt das Leben der mittelalterlichen Nonne mit seinen Höhen und Tiefen dar.

Aus dem Jahr 2008 stammt der **Film** »Vision – Aus dem Leben der Hildegard von Bingen« der Regisseurin Margarethe von Trotta. U. a. mit Barbara Sukowa (Hildegard), Hannah Herzsprung, Heino Ferch und Sunnyi Melles.

Und natürlich ist die berühmte Ordensfrau auch Protagonistin in zahlreichen **Unterhaltungsromanen,** die sich mehr oder weniger an die überlieferten Angaben zu ihrem Leben halten. Hier möchte ich jede/n Interessierte/n an den regionalen Buchhandel verweisen.

Agnes Bernauer

Die nächsten Agnes-Bernauer-Festspiele finden vom 21. Juni bis zum 21. Juli 2024 im Herzogsschloss in Straubing statt. Genauere Infos unter *www.agnes-bernauer-festspiele.de*

Lucrezia Borgia

Wem schon die amerikanische Serie »Die Tudors« gefallen hat, der wird sicher auch »Die Borgias« lieben. U. a. mit Jeremy Irons (Rodrigo Borgia). 29 Folgen a 50 min. Erhältlich u.a. als DVD.

Alternativ dazu gibt's noch die Konkurrenzserie »Borgia« (D/F/I/A/CZ) mit John Doman in der Rolle des Rodrigo Borgia. 31 Folgen a 52 min, auch als DVD erhältlich.

Personenverzeichnis

Abbildungsnachweis

Die Abbildungen in diesem Buch sind gemeinfrei, außer es ist anders angegeben:

WIKIMEDIA COMMONS, CC BY-SA 2.0
Chimigi (17), Christian Bickel (71)

WIKIMEDIA COMMONS, CC BY-SA 2.5
Christophe.Finot (90), Maksim (136)

WIKIMEDIA COMMONS, CC BY 3.0
ElanorGamgee (69)

WIKIMEDIA COMMONS, CC BY-SA 3.0
Hans Peter Schaefer (11), Berthold Werner (13 u.), Franz Xaver (14),
Sigismund von Dobschütz (32), Jivee Blau (33), Beckstet (56 o., 58), Axel Brocke (56 u.),
Gfreihalter (57), Len'Alex (70), NordNordWest (75), LANOEL (81), Hreid (110 M.),
MUNCYT2 (132), Sailko (146), Geobia (147)

WIKIMEDIA COMMONS, CC BY-SA 4.0
Gérald Garitan (45), Primmer (53), Sandro Halank (60 u. M.), G.Lanting (86),
Octave 444 (89), Chabe01 (110 u.), René Hourdry (116), W. Bulach (123)

Die Autorin

Anja Stiller, Jahrgang 1966, studierte an den Universitäten Hannover und Salzburg Deutsche Literaturwissenschaft und Philosophie und promovierte mit einer Dissertation am Institut für Ältere deutsche Literatur und Sprache an der Uni Salzburg.

Sie arbeitete zehn Jahre lang als freischaffende Kulturjournalistin (u. a. für die »Salzburger Nachrichten«, den »DER STANDARD« / Wien und die »Hannoversche Allgemeine Zeitung«). Seit 2006 ist sie als freiberufliche Lektorin für Sachbuchverlage und PR-Agenturen sowie als PR-Texterin tätig und veröffentlicht sowohl Sachbücher als auch Belletristik.

Im Regionalia Verlag sind von ihr u. a. die folgenden Bücher erschienen: »Hundsfott. Schimpfen mit den Klassikern«, »Kleine Germanenkunde«, »Mythen und Sagen der Germanen«, »Mythen und Sagen im alten Rom«.

Die Autorin ist Mitglied im Netzwerk der Salzburger Medienfrauen (*www.medienfrauen.at*) sowie in der Schriftstellervereinigung der »42er Autoren« (*www.42erautoren.de*).

Ebenfalls im Regionalia Verlag erschienen:

Geschichte des Mittelalters
Hans Dollinger

160 Seiten • 16,5 × 19,8 cm • Hardcover
ISBN 978-3-95540-158-0 • 9,95 €

Die ganze Welt des Mittelalters in einem komprimierten und verständlichen Überblick

Vom Ende der Antike bis zu den Anfängen der Renaissance und der Reformation leistet dieses Buch eine reichhaltige Darstellung der Epoche, die sowohl das Reich Karls des Großen und das Ende von Byzanz gesehen hat als auch die Bildung der ersten Nationalstaaten Europas.

Der Autor wirft zudem einen Blick auf den Einfluss der katholischen Kirche und das mittelalterliche Leben in Klöstern, Burgen, Städten und Dörfern. Eine Betrachtung der Künste und Wissenschaften im europäischen Mittelalter rundet das Werk ab.